Maria Wiesmüller

Österreichische Mehlspeisen

80 Rezepte

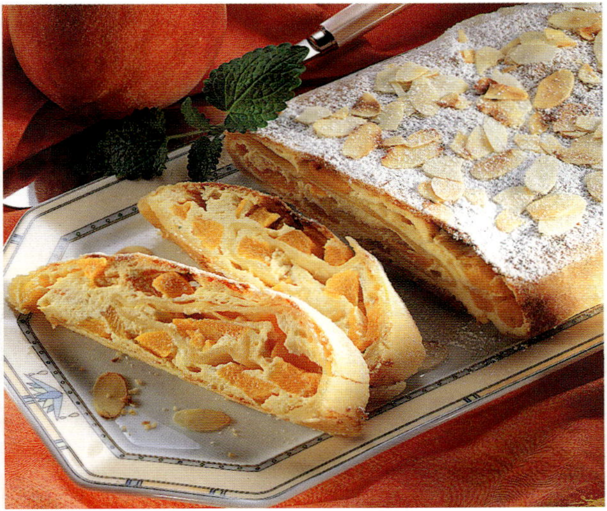

KOMPASS Küchenschätze

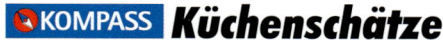

Ein Wort zuvor

Die Österreichische Küche bietet eine Vielzahl weltbekannter Mehlspeisen. Hierfür werden, neben anderen wichtigen Zutaten, im wesentlichen Mehl und diverse Mehlprodukte verwendet.

Obwohl manche der süßen, teils pikanten Mehlspeisen Hauptgerichte sein können, verbindet man mit der Bezeichnung „Mehlspeise" eigentlich eine „Nachspeise". Aber auch in der Patisserie, gemeint ist die hohe Kunst der Hotelkonditorei, sind viele Mehlspeisen entstanden, vor allem die feinen Küchen.

Jedes Bundesland kennt und schätzt seine eigenen Spezialitäten. Manche davon sind weit über die Landesgrenzen hinaus bekannt, wie der „Wiener Apfelstrudel", die „Salzburger Nockerln", die „Linzer Torte" oder die „Sachertorte".

Neben Mehl erscheinen vor allem Topfen (Quark), Eier, Milch, Rahm (saure Sahne) und Obers (süße Sahne) in nen Rezepte... ... ben aus Obst als Kompott oder Fruchtsoße liefern die nötigen Vitamine und Mineralstoffe.

So sind die österreichischen Mehlspeisen eigentlich sehr nährstoffhaltig. Strudel, Schmarrn und süße Knödel, sowie „Schöberl" (Früchte in Backteig), „Palatschinken" (dünne Eierpfannkuchen) und andere Gerichte mit „Germ" (Hefe) gehören zu den typischen Spezialitäten.

Wichtig ist immer, die verschiedenen Zubereitungstechniken genau zu befolgen. Im Einleitungsteil finden Sie dazu viele hilfreiche Informationen. Die Rezepte selbst sind einfach geschrieben und mit attraktiven Farbfotos versehen. Sie gliedern sich in „Warme" und „Kalte" Mehlspeisen, letztere werden ergänzt durch Anleitungen für die Grundzubereitung verschiedener, häufig verwendeter Teigarten.

Ein großer Vorteil der vielseitigen Rezepte dieses

(Backpfanne) oder auf ein Backblech legen und mit der restlichen Butter bestreichen.

● Im vorgeheizten Backofen bei 200-220°C in 40-50 Minuten goldbraun backen. Nach Belieben noch warm mit Staubzucker bestreuen und sofort servieren.

Steirischer Weintraubenstrudel

Teig:	100 g Butter
300 g Mehl	150 g Semmelbrösel
1 Ei, 1 Prise Salz	3-4 EL Zucker
2-3 EL Kernöl	80 g gemahlene Mandeln
ca. 100 ml lauwarmes Wasser	etwas Zimt nach Belieben
	1 Pa Vanillezucker
etwas Kernöl z. Bestreichen	sehr weiche Butter zum Bestreichen
Füllung:	Staubzucker (Puderzucker) zum Bestreuen
750 g helle Weintrauben	

● Das Mehl in eine Schüssel sieben. In die Mitte eine Mulde eindrücken. Das versprudelte Ei, Salz und Kernöl hinzufügen. Zu einem glatten Teig verkneten. So viel Wasser hinzufügen, bis der Teig eine mittelfeste Konsistenz erhalten hat. Von Hand so lange weiterkneten, bis der Teig nicht mehr anklebt, sondern „seidig" glänzt. Nun daraus eine Kugel formen, abdecken und mindestens 30 Minuten rasten lassen.

● Inzwischen die Trauben gründlich waschen, abtrocknen. Nach Belieben halbieren und entkernen. Die Butter in einer größeren Pfanne schmelzen und die Brösel darin hellbraun rösten.

● Zucker, Mandeln, Zimt und Vanillezucker mischen.

● Auf einem größeren, bemehlten Tuch den Strudelteig mit einem Nudelholz austreiben, mit dem Handrücken unterfassen und von der Mitte her langsam vorsichtig auszuziehen, bis er hauchdünn ist. Die dickeren Teigenden wegschneiden.

● Das Backrohr auf 200-220°C vorheizen.

● Den Teig mit etwas weicher Butter bestreichen. 2/3 der Fläche mit Semmelbrösel bestreuen. Darauf die Trauben gleichmäßig verteilen. Die Zucker-Mandelmischung darüber streuen. Die Teig-

ränder einschlagen und den Strudel mit Hilfe des Tuches von der Seite her eng aufrollen. Auf ein gefettetes Backblech gleiten lassen. Mit der restlichen Butter bestreichen.

● In etwa 40-50 Minuten goldbraun backen. Ab und zu wiederum mit Butter bestreichen. Mit reichlich Staubzucker bestreut servieren.

Ebenseer Millirahmstrudel
aus Oberösterreich

Strudelteig wie Grundrezept S. 10

5-6 Semmeln	1/2 Zitrone
1/4 l warme Milch	4 Eier, Salz
120 g Butter	1/4 l Sauerrahm
120 g Staubzucker (Puderzucker)	75 g Rosinen
	60 g Butter, ca. 1/4 l Milch

● Von den Semmeln die Krusten abschneiden, in Milch einweichen, ausdrücken und passieren. Butter mit Zucker, Zitronensaft, Eidotter und Salz verrühren. Semmelmasse und Sauerrahm einarbeiten. Steifgeschlagenes Eiklar unterheben.

● Die Masse auf dem Teig verteilen, mit Rosinen bestreuen und zum Strudel aufrollen. In eine gefettete Form geben, mit Butter bestreichen und bei 200 - 220 °C für 40-50 Minuten backen. Nach halber Zeit mit heißer Milch übergießen.

Süße Knödel, Nudeln und Nocken

Grundregeln für die Zubereitung:

Wichtig für die Zubereitung dieser österreichischen Mehlspeisen ist, daß sie in einem ausreichend großen, möglichst hohen Kochtopf in siedendem Salzwasser (etwa 2 Liter) zubereitet werden.

Nach dem Einlegen die Kochplatte herunterschalten. Knödel, Nudeln und Nocken sollten etwa gleich groß sein und dürfen beim Kochen nicht übereinanderliegen. Sie sind gar, wenn sie an der Oberfläche schwimmen. Nudeln benötigen ca. 6-8 Minuten, Knödel ca. 8-10 Minuten - je nach Größe -, wenn sie aus Erdäpfel (Kartoffel) - Teig zubereitet wurden. Nocken aus Topfen (Quark) - Masse läßt man am besten etwas länger, d.h. für etwa 10-15 Minuten garziehen.

Burgenländer Marillenknödel

<u>Teig:</u>

400-450 g mehlige Erdäpfel (Kartoffeln), vorgekocht

1 Prise Salz, 125 g Mehl

30 g feiner Grieß

Schale einer 1/2 ungespritzten Zitrone

30 g Butter , 2 Eidotter

<u>Füllung:</u>

500 g Marillen (Aprikosen)

5-6 Stück Würfelzucker

Salzwasser

100 g Butter, Zucker

ca. 125 g Semmelbrösel

● Die Erdäpfel heiß schälen und durch eine Kartoffelpresse drücken. In eine Rührschüssel geben, Salz, Mehl, Grieß, weiche Butter und Eidotter hinzufügen und zu einem glatten Teig verarbeiten. Ca. 30 Minuten rasten lassen.

● Die Marillen waschen und die Kerne herausdrücken. Halbierte Zuckerwürfel hineingeben. Den Teig zu einer ca. 5 cm dicken Rolle formen und in 30-40 g schwere Stücke teilen. Diese etwas flach drücken und die Marillen damit

umhüllen, zusammendrük-
ken und nachformen.

● 2 Liter leicht gesalzenes
Wasser erhitzen, die Knö-
del hineingeben, kurz aufkochen, dann herunter-
schalten und die Knödel in
8-10 Minuten garen.

● Inzwischen Butter und
Semmelbrösel anrösten.
Die Marillenknödel gut
abtropfen lassen, in den
Butterbröseln wälzen und
mit Zucker bestreut sofort
servieren.

Kärntner Mohnnudeln

Erdäpfelteig wie im Rezept „Marillenknödel"

Mehl, 60 g Butter
120 g gem. Mohn
3-4 EL Staubzucker

● Den Teig, wie im Rezept
„Marillenknödel" beschrieben, zubereiten. Reichlich
leicht gesalzenes Wasser
erhitzen. Den Teig zu einer
dicken Rolle formen, nuß-
große Teile abschneiden
und diese wiederum zu ca.
8-10 cm langen, spitz aus-
laufenden „Nudeln" for-
men. In das Wasser geben
und auf niedriger Stufe ca.
6-8 Minuten garen.

● Den Mohn in Butter an-
rösten. Die Nudeln aus
dem Wasser heben, ab-
tropfen und in der Mohn-
butter wälzen. Mit Staub-
zucker bestreuen.

Moosnocken

aus dem Salzburger Land

500 g Moosbeeren (Heidelbeeren)	2 EL Zucker
	1/4 -1/2 l heiße Milch
300 g Mehl, Salz	100 - 150 g Butter

● Die Moosbeeren waschen, gut abtropfen lassen und mit Küchenpapier trockentupfen. Mehl, Salz, Zucker und Beeren gut und gleichmäßig vermischen.

● Nach und nach die heiße Milch dazugeben und durchrühren, bis ein weicher Nockerlteig entsteht.

● In einer größeren Pfanne die Butter erhitzen, die mit einem Eßlöffel ausgestochenen Nocken hineingeben, etwas flach auseinanderdrücken und auf beiden Seiten goldbraun backen.

Powidltascherln (Niederösterreich)

Erdäpfelteig wie Rezept „Marillenknödel"

150 g Powidl (Zwetschkenmus)	50 g Butter
	3 EL Semmelbrösel
1-2 TL Zucker, etw. Zimt	2 EL Staubzucker (Puderzucker)
2 EL Rum, 1 Eiklar (Eiweiß)	

● Den Teig wie im Rezept „Marillenknödel" beschrieben, zubereiten. Den Powidl mit Zucker und Zimt verrühren. Den Teig auf bemehlter Arbeitsfläche dünn ausrollen. Kreise von ca. 8 cm Größe ausstechen. Die Ränder mit Eiklar bestreichen. In die Mitte der Kreise je einen TL Powidl geben.

Zu „Tascherln" formen. Am Rand gut zusammendrükken. In erhitztem, leicht gesalzenem Wasser bei schwacher Hitze ca. 7-9 Minuten ziehen lassen. Semmelbrösel in Butter rösten. Die Tascherln herausheben, abtropfen und in den Butterbröseln wälzen. Mit Staubzucker bestreut servieren.

Topfenknödel mit Zwetschkenröster (Burgenland)

500 g Topfen (Quark)	100 g Semmelbrösel
4 Eier	60 g Butter
120 g Semmelbrösel	500 g reife Zwetschken
100 g Zucker, Salz	Zucker, Zimt, Rum, etwas Zitronensaft
1 Pa Vanillezucker	

● Den Quark abtropfen, in eine Schüssel geben, mit Eiern, Semmelbrösel, Zukker, Salz und Vanillezucker zu einem geschmeidigen Teig verarbeiten. Ca. 45 Minuten ruhen lassen.

● Mit feuchten Händen kleine Knödel formen, in kochendes Salzwasser geben und auf niedriger Stufe ca. 10 Minuten ziehen lassen. Herausnehmen, abtropfen und in mit Butter gerösteten Semmelbröseln wälzen.

● Für den Zwetschkenröster die Früchte waschen, halbieren und mit Zucker, Zimt, Rum sowie Zitronensaft in einer Pfanne erhitzen.

Kirschmandeltascherln (Kärnten)

Teig:	Füllung:
400 g mehlige Erdäpfel	250 g reife Kirschen
1 Prise Salz, 120 g Mehl	100 g Zucker, Wasser
30 g feiner Grieß	30 g Butter
30 g weiche Butter	2 TL Mehl, Milch
2 Eidotter (Eigelb)	1 Eiklar (Eiweiß), 50 g Butter
abgeriebene Schale 1/2 ungespritzten Zitrone	3-5 EL Semmelbrösel
	1 EL Staubzucker

● Die Erdäpfel in der Schale kochen, noch heiß schälen und durchpressen. Abkühlen lassen. In eine Rührschüssel geben, Salz, Mehl, Grieß, Butter, Eidotter und abgeriebene Zitronenschale hinzufügen. Alles zu einem geschmeidigen Teig verarbeiten. Etwa 30 Minuten lang rasten lassen.

22

● Die Kirschen waschen, entsteinen und mit Zucker sowie etwas Wasser aufkochen. Mehl in heißer Butter anschwitzen, etwas Milch dazugeben. Einkochen lassen. Den Kirschbrei damit abbinden, dann abkühlen lassen.

● Den Erdäpfelteig auf einem bemehlten Backbrett ausrollen, ca. 8 cm große Kreise ausstechen und die Ränder mit Eiklar bestreichen. Mittig 1 Teelöffel der Kirschmasse auftragen, umklappen und am Rand fest andrücken.

● 2 Liter leicht gesalzenes Wasser erhitzen, die Tascherln vorsichtig hineingeben, die Kochstelle herunterschalten und die Tascherln etwa 8 - 11 Minuten garziehen lassen.

● Mit Hilfe einer Schaumkelle herausheben und abtropfen lassen. In mit Butter gerösteten Semmelbröseln wälzen. Mit Staubzucker bestreut servieren.

Lavanttaler Apfelknödel (Kärnten)

4 Äpfel (ca. 500 g)	Salzwasser zum Kochen
1/4 TL Salz, 1 Ei	60 g Butter
ca. 150 g Mehl	60 g Zucker, 1 TL Zimt

● Die Äpfel schälen, vierteln, vom Kerngehäuse befreien und sehr kleinwürfelig schneiden oder grob raspeln. Mit Salz, versprudeltem Ei und gesiebtem Mehl gut vermischen.

● Solange kneten, bis ein gut formbarer Teig entsteht. Diesen mindestens 1 Stunde lang rasten lassen.

● Reichlich Salzwasser erhitzen.

● Aus der Teigmasse mit nassen Händen Knödel formen, diese in das heiße Wasser einlegen, die Kochstelle herunterschalten und die Apfelknödel in 10 - 15 Minuten - je nach Größe - garziehen lassen. Gut abseihen.

● Butter schmelzen, mit Zucker und Zimt verrühren. Die Apfelknödel damit überziehen und sofort servieren.

Süße Topfennocken (Tirol)

80 g Butter	180 g Grieß
30 g Zucker	3 EL Rosinen
3 Eier, Salz	Salzwasser
500 g Topfen (Quark), gut abgetropft	6 EL Semmelbrösel
	80 g Butter

● Butter, Zucker, Eier und Salz schaumig rühren. Topfen, Grieß und Rosinen dazumischen und etwa 1/2 Stunde rasten lassen.

● Salzwasser zum Kochen bringen. Die Nocken mit einem in das heiße Wasser eingetauchten Eßlöffel „abstechen" und in die nicht mehr kochende Flüssigkeit einlegen. Etwa 10 - 15 Minuten ziehen lassen. Vorsichtig abseihen und auf Tellern anrichten.

● Semmelbrösel mit Butter in einer Pfanne goldbraun anrösten und über die Nocken streuen. Dazu ein Kirschkompott servieren.

Schmalzgebackenes

Grundregeln für die Zubereitung:

Jedes Bundesland hat sein besonderes, seit jeher überliefertes Gebäck. Es wird aus unterschiedlichen Teigen in der jeweils typischen Form gebacken. Wichtig dabei ist, hitzebeständige und wasserfreie **Fette** wie Pflanzenfett, Öl oder Butterschmalz zu verwenden. Nach Gebrauch sollte das Fett gereinigt werden. Hierzu kann es, noch heiß, entweder durch eine Filtertüte oder durch ein mit Küchenpapier ausgelegtes Sieb gegossen werden. Zum Ausbacken sollte der **Topf** weit und so groß sein, daß man ihn ca. 10 cm hoch (halbvoll) mit Fett auffüllen kann. Das

Schmalzgebäck muß darin „schwimmen" können und sollte sich nicht berühren. Auch die **Backtemperatur** ist entscheidend für ein gutes Ergebnis.

Am besten ist es, wenn sie bei 175°C liegt. Zum Prüfen legen Sie ein Teigstückchen ein. Bilden sich Bläschen, so ist die Temperatur richtig.

Legen Sie stets nicht zu viel Backgut auf einmal in das heiße Fett. Nach der Zubereitung sollte das Schmalzgebäck auf Küchenpapier gut abtropfen. Frisch serviert schmeckt es am besten.

Ziachkiachl (Tirol)

500 g Mehl	abgeriebene Schale einer 1/2 ungespritzten Zitrone
1/2 Tasse lauwarme Milch	ca. 1/4 l Milch
30 g Germ (Hefe), 1 EL Zucker	Butterschmalz zum Ausbacken
3 Eidotter (Eigelb)	Preiselbeerkonfitüre
50 g weiche Butter	2 EL Staubzucker

● Das Mehl in eine Rührschüssel sieben, in die Mitte eine Mulde eindrükken, Germ hineinbröckeln und mit etwas Milch und Zucker verrühren. Zugedeckt an einem warmen Ort ca. 30 Minuten gehen lassen. Eidotter, Butter, Zitronenschale und die restliche Milch dazugeben. Den Teig so lange verarbeiten, bis er glatt ist und sich gut vom Schüsselrand löst.

● Nochmals zugedeckt ca. 15 - 20 Minuten gehen lassen. Auf bemehlter Arbeitsfläche ausrollen, in gleich große Stücke schneiden, diese zu Kugeln formen und wieder gehen lassen.

● Das Fett erhitzen. Mit beiden Händen die Kugeln etwas auseinanderziehen, so daß mittig eine Vertiefung entsteht. Ausbacken und dabei einmal wenden.

● Abtropfen und erkalten lassen. Die Vertiefung nach Belieben mit Konfitüre füllen.

Pafesen
aus Niederösterreich

5-6 altbackene Semmeln (Brötchen)	2 EL Rahm (süße Sahne)
	1 Prise Salz
200 g „Powidl" (Zwetschkenmus)	100-150 g Semmelbrösel
	80-100 g Butterschmalz zum Ausbacken
80 g Mehl	
150 ml Milch, 2 Eier	Zimtzucker (5 EL Zucker, 1/2 TL Zimt) z.Bestreuen

● Die Semmeln rundum abreiben und in Scheiben schneiden. Eine Hälfte mit Powidl bestreichen, mit je einer unbestrichenen Scheibe zusammensetzen und leicht andrücken. Von beiden Seiten in Mehl wenden, dann gleichmäßig mit Milch beträufeln und durchziehen lassen.

● Inzwischen das Butterschmalz in einer größeren Pfanne erhitzen und die Eier mit dem Rahm sowie Salz gut verschlagen.

● Die Brotscheiben erst darin, dann in den Semmelbröseln panieren, und sofort bei mittlerer Hitze ausbacken.

● Mit Zimtzucker bestreut warm servieren.

Gebackene Grießknödel
(Oberösterreich)

1/2 l Milch	2 Eier, getrennt
40 g Butter	1 Prise Muskat
1 EL Zucker	Außerdem:
1 Prise Salz	2-3 EL Semmelbrösel
125 g Grieß (am besten Nockerlgrieß)	Fett zum Ausbacken

● Die Milch mit Butter, Zucker und Salz zum Kochen bringen, den Grieß hineingeben und so lange rühren, bis sich die Masse vom Topf löst. Etwas abdampfen lassen, dann nach und nach Eidotter, Muskat und das zu Schnee geschlagene Eiklar unterrühren.

● Mit zwei Eßlöffeln eigroße Knödel abstechen, auskühlen lassen und anschließend in vorher siedendem Salzwasser etwa 10 - 12 Minuten ziehen lassen.

● Die Knödel in Semmelbröseln wälzen, dann in heißem Fett goldgelb backen.

Unser Tip:

Zu den gebackenen Grießknödeln paßt gut eine Marillensoße. Das Rezept finden Sie auf Seite 91.

Rheintaler Walerküachle
(Vorarlberg)

300 g Mehl	etwas kalte Milch
80 g Butter, 1 Ei	Backfett oder Öl zum Ausbacken
1 Prise Salz	
1 Tasse Rahm (süße Sahne)	30-40 g Zimtzucker

● Gesiebtes Mehl, weiche Butter, Ei und Salz unter Beigabe von etwas Rahm und kalter Milch zu einem nicht zu festen Teig vermischen. So lange durchkneten, bis er Blasen wirft. Hierzu am besten die Küchenmaschine oder den Elektroquirl einsetzen.

28

Dann mindestens 30 Minuten rasten lassen.

● Auf einem „Walerbrett" (Backbrett) mit Hilfe eines Nudelwalkers (Teigroller) messerrückendick auswalken (ausrollen) und mit einem Teigradl größere viereckige „Flecken" (Teigstücke) abtrennen.

● Das Backfett oder Öl nicht zu heiß erhitzen, die Küachle darin beidseitig backen, herausnehmen und mit dem Gemisch aus Zucker und Zimt bestreuen.

Unser Tip:

Zu den „Walerküachle" paßt am besten ein „Birestock" (Birnenkompott). Das Rezept finden Sie auf Seite 95.

Apfelschöberl
aus dem Burgenland

1/8 l Milch	150 g Mehl
2 Eier	3-4 reife Äpfel
1 Prise Salz	Butterschmalz, Zucker

● Milch, Eier , Salz und Mehl zu einem dicken, flüssigen Backteig verrühren. Die Äpfel waschen, vom Kerngehäuse befreien, in ca. 2 cm dicke Scheiben oder Spalten schneiden, in den Backteig eintauchen und sofort für einige Minuten in heißem Fett goldgelb ausbacken.

● Herausheben, abtropfen lassen und mit Zucker bestreuen.

Unser Tip:

Auf gleiche Weise werden „Hollerschöberln" aus Holunderblüten oder Marillen-, Birnen- oder Pfirsichspalten zubereitet.

Tiroler Strauben

1/4 l Milch

1 Prise Salz, 200 g Mehl

2 Eier

1 El Rum oder Schnaps

Butterschmalz als Backfett

Staubzucker (Puderzucker) zum Bestreuen

● Die Milch langsam aufkochen lassen, salzen, und das gesiebte Mehl hineinrühren. Etwas abkühlen lassen, dabei gelegentlich durchrühren.

● Die Eidotter (Eigelb) und den Rum oder Schnaps dazugeben und gleichmäßig unterrühren. Das Eiklar (Eiweiß) steifschlagen und vorsichtig unterziehen.

● Den so vorbereiteten Teig aus einem Straubentrichter oder einem Spritzbeutel kreisförmig, bis etwa zu Tellergröße, in das heiße Backfett (Butterschmalz) einlaufen lassen und gleichmäßig gebräunt ausbacken.

● Die so zubereiteten Strauben noch warm mit Staubzucker bestreuen und sofort servieren.

Intersssant für Sie:

Die „Strauben" sind in der Tiroler Küche vor allem als Festtagsgebäck bekannt und beliebt. Man backt sie aus unterschiedlichen Teigmassen. Beim vorge-

30

nannten Gebäck ist es wichtig, daß der Teig glattgerührt und gut fließend ist. Strauben lassen sich aber auch aus einem

Milch-Brandteig zubereiten. In jedem Fall werden sie mit reichlich Staubzucker bestreut und warm serviert.

„Hasenöhrl" (Steiermark)

30 g Butter, 1/8 l Milch	300 g Mehl
1 Prise Salz, 1 Ei	ca. 500 g Butterschmalz zum Ausbacken
1 EL Schnaps oder Rum	

● In einem weiten Topf zunächst die Butter zerlassen, dann die Milch hinzuschütten und lauwarm erwärmen. Salzen, in eine Rührschüssel geben, versprudeltes Ei, Schnaps oder Rum und gesiebtes Mehl dazugeben.

● Sofort zu einem glatten Teig verkneten und diesen etwa 1 Stunde lang rasten lassen
● Den Teig auf bemehlter Arbeitsfläche messerrückendick ausrollen, verschobene Vierecke ausradeln und diese in heißem Fett ausbacken

Ramsauer Perchtstrauben

(Steiermark)

1/4 l Mich	1 EL Rum oder Schnaps
1 Prise Salz	ca. 500 g Butterschmalz zum Ausbacken
200 g gesiebtes Mehl	
2 Eier	1/2 Tasse flüssiger Honig

● Die Milch langsam aufkochen lassen, salzen und das gesiebte Mehl hineinrühren. Etwas abkühlen lassen und dabei gelegentlich umrühren.

● Eidotter (Eigelb) mit Rum oder Schnaps versprudeln, dazugeben, und gleichmäßig untermischen. Eiklar (Eischnee) steif schlagen und vorsichtig unterziehen.

● Das Butterschmalz erhitzen.

● Den vorbereiteten Teig aus einem Straubentrichter oder einem Spritzbeutel kreisförmig, bis etwa zu Tellergröße, in das heiße Backfett einlaufen lassen und ausbacken.

● Die so zubereiteten Strauben noch warm mit Honig bestreichen.

Steirische „Schneeballen"

375 g Mehl	50 g Butter, 3 Eier
1 Prise Salz	3-4 EL Sauerrahm
75 g Zucker	2 EL Rum
1 Pa Vanillezucker	ca. 500 g Butterschmalz zum Ausbacken
abgeriebene Schale 1/2 unbehandelten Zitrone	Staubzucker (Puderzucker) zum Bestreuen

● Gesiebtes Mehl in eine Rührschüssel geben, Salz, Zucker, Vanillezucker und abgeriebene Zitronenschale dazugeben. Die

Butter hinzufügen und zu einem geschmeidigen Teig verkneten. Hierzu am besten die Küchenmaschine oder den Elektroquirl ein-

setzen. Eier, Sauerrahm und Rum einarbeiten und nochmals gut durchkneten.

● Den Teig zu einer Rolle formen und etwa 1 Stunde lang kühl rasten lassen.

● Von der Teigrolle etwa 1 cm dicke Scheiben abschneiden. Auf bemehlter Arbeitsfläche zu runden Flecken in Größe eines Desserttellers auswalzen. Den Rand gleichmäßig

abradeln, die mittlere Fläche etwa 4 - 5 mal einradeln, dabei jedoch einen 1 cm breiten Rand belassen. Das Backfett erhitzen.

● Mit Hilfe eines Kochlöffelstiels (aus Holz) den Teigflecken auffassen, in das heiße Fett geben und dabei leicht drehen.

● Hellgelb ausbacken, gut abtropfen lassen und mit reichlich Staubzucker bestreut servieren.

Mehlspeisen aus der Pfanne

Grundregeln für die Zubereitung

Palatschinken (Eierpfannkuchen), im Salzburger Land **„Fluggen"** genannt, bereitet man aus einem dünnflüssigen Mehlteig zu, der etwa 30 Minuten zum Ausquellen stehen muß. Für den Teig können Sie ganze Eier verwenden. Wünschen Sie die Palatschinken sehr locker, so muß der Teig dicklich sein und das Eiklar (Eiweiß) sollte, steif geschlagen, unterhoben werden. Möchten Sie die Palatschinken füllen, so müssen sie ganz dünn ausgebacken werden.

„Schmarrn", in Vorarlberg auch **„Tosche"** genannt, kann aus dicklichem Mehlteig, Semmel-Teig oder einer Topfen (Quark)-Masse zubereitet werden. Man bäckt ihn in einer größeren Pfanne am besten in heißem Butterschmalz, auf einer Seite an, wendet ihn dann, zerteilt den Teig mit Hilfe einer Gabel in größere Stücke und läßt ihn unter beständigem Wenden fertigbacken; oder man belegt den Schmarrn - wie in Kärnten üblich - mit verschiedenen Früchten, z.B. Apfelscheiben.

Montafoner „Bolmentosche"
(Topfenschmarrn, Vorarlberg)

250 g magerer Topfen (Quark)	1 Prise Salz, 3-4 EL Mehl
3 Eidotter (Eigelb)	3 Eiklar (Eiweiß)
80 g Zucker	120-150 g Butter oder Butterschmalz zum Ausbacken
abgeriebene Schale und Saft von 1 unbehandelten Zitrone	
1/4 l Rahm (süße Sahne)	2-3 EL Staubzucker (Puderzucker) zum Bestreuen

● Den gut abgetropften Topfen in eine Rührschüssel geben. Eidotter, 40 g Zucker, Rahm, Salz und Zitronenschale sowie -saft dazugeben. Kurz durchrühren. Das Mehl darübersieben und alles gut verrühren. Dazu am besten den Elektroquirl einsetzen.

● Etwa 20 Minuten rasten lassen.

● In einer zweiten Schüssel die Eiklar halbsteif schlagen, den restlichen Zucker nach und nach einrieseln lassen und weiterschlagen, bis die Masse fest ist. Sogleich unter die Topfenmasse heben.

● Die Hälfte der Butter oder des Butterschmalzes in einer größeren Pfanne zerlassen und etwa die Hälfte der Topfenmischung hineingeben. Auf einer Seite goldgelb bräunen lassen, wenden, etwas weiterbacken, dann mit Hilfe von zwei Gabeln in Stücke zerteilen und unter weiterem Wenden fertig backen, warm stellen.

● Die restliche Teigmenge genauso zubereiten.

● Die „Bolmentosche" auf einer vorgewärmten Platte anrichten und mit reichlich Staubzucker bestreut servieren.

Fächerpalatschinken

mit Erdbeeren und Eiscreme (Wien)

Palatschinken nach Grundrezept S. 38

Frische Erdbeeren	Likör nach Geschmack
Vanille - Eiscreme	Frische Minze

● Frisch gebackene Palatschinken fächerartig auf Desserttellern anrichten. Erdbeeren darüber verteilen. Einige Erdbeeren mit Likör im Mixer pürieren und als Fruchtsoße dazugeben.

● Zuletzt je eine Kugel Eiscreme auf die Teller legen und das Dessert mit frischer Minze garniert servieren.

Palatschinken mit Schokolade

Palatschinken nach Grundrezept S. 38

150 g geriebene Schokolade	200 ml geschlagene Obers (süße Sahne), Zucker

● Frisch gebackene Palatschinken mit der Hälfte der geriebenen Schokolade bestreichen, einrollen und auf Desserttellern anrichten. Mit der restlichen Schokolade auch oben bestreuen und mit dem mit Zucker geschlagenen Obers garniert anrichten.

Palatschinken mit Nußfülle

Palatschinken nach Grundrezept

100 g gem. Haselnüsse	1 Msp. Zimt
50 g Zucker	6-8 EL Obers (süße Sahne)

● Die gemahlenen Haselnüsse mit Zucker und Zimt mischen und so viel Obers dazugeben, daß eine cremige Masse entsteht. Die vorbereiteten Palatschinken damit bestreichen, dann aufrollen und warm servieren.

„Pongauer Kerschflenggen" (Salzburg)

250 g Mehl, ca. 3/8 l Milch	60 g Butter oder Butterschmalz
1/4 TL Salz, 1-2 EL Zucker	ca. 300 g entsteinte Kirschen
4 Eidotter, 4 Eiklar	Zucker (nach Belieben) zum Bestreuen
1 TL Zitronensaft	

● Mehl, Milch, Salz und Zucker verquirlen. Nach und nach die Eidotter dazugeben und weiterrühren. Etwa 20 - 30 Minuten rasten lassen.

● Anschließend die Eiklar unter Zugabe von etwas Zitronensaft sehr steif schlagen und unter die Dottermasse heben.

● In einer größeren Pfanne ein wenig Butter oder Butterschmalz erhitzen, etwas von der Teigmasse hineingeben, einige Kirschen darüberstreuen und von beiden Seiten ausbacken. Auf diese Weise nacheinander mehrere „Flenggen" zubereiten und nach Belieben mit Zucker bestreut sofort servieren.

Topfen - Palatschinken
(Wien)

Grundrezept:

Teig:

250 g Mehl

4 Eier

3/8 l Milch

1/4 TL Salz

60 g Butterschmalz zum Backen

Füllung:

40 g weiche Butter

80 g Zucker

3 Eier, getrennt

300 g Topfen (Quark)

1 EL Vanillezucker

1 Prise Salz

abgeriebene Schale 1/2 unbehandelten Zitrone

1 EL Zitronensaft

50 g Rosinen

Außerdem:

40 g Staubzucker (Puderzucker) zum Bestreuen

● Mehl mit Eiern, Milch und Salz zu einem glatten Teig verrühren. Hierzu am besten den Elektroquirl einsetzen. Mindestens 30 Minuten zum Ausquellen rasten lassen.

● Für die Füllung Butter mit Zucker und Eidottern (Eigelb) schaumig rühren. Abgetropften Topfen, Vanillezucker, Salz, Zitronenschale sowie -saft daruntermischen. Eiklar (Eiweiß) steif schlagen und unterziehen. Zuletzt die gewaschenen, gut abgetupften Rosinen hinzugeben.

● In einer mittelgroßen Pfanne das Butterschmalz erhitzen. Etwa 1/8 des Teiges mit Hilfe eines Schöpf-

löffels hineingeben, die Pfanne leicht schwenken, damit der Boden bedeckt ist. Insgesamt 8 „Palatschinken" (dünne Pfannkuchen) bei schwacher Hitze beidseitig goldgelb backen.

● Nun die Palatschinken einzeln mit der Topfenmasse bestreichen, aufrollen und mit reichlich Staubzucker bestreut servieren.

Interessant für Sie:
Die „Palatschinke" (Pfannkuchen, Eierkuchen) gehört seit dem 19. Jahrhundert zu den Standardgerichten der Wiener Küche. Ihre Herkunftsgeschichte ist zudem interessant: aus Rumänien kommend, dort „placinta" = flacher Fladen genannt, machten die Ungarn daraus „palacinta". Die Wiener übernahmen diesen Begriff und nannten die Mehlspeise „Palatschinken".

Kaiserschmarrn
Wiener Art

60 g Rosinen, 2-3 EL Rum
150 g Mehl, 1 Prise Salz
1 EL Staubzucker
1 Pa Vanillezucker
abgeriebene Schale einer 1/2 unbehandelten Zitrone
3 Eidotter (Eigelb)
3 Eiklar (Eiweiß)
1/8 l Milch
etwas Zitronensaft
40 g gemahlene Mandeln nach Belieben
50-60 g Butter od. Butterschmalz zum Ausbacken
Staubzucker (Puderzucker) zum Bestreuen

● Die Rosinen heiß abbrühen und in eine Schale geben. Mit Rum beträufeln und beiseite stellen. Das Mehl in eine Rührschüssel sieben. Salz, Staubzucker, Vanillezucker, abgeriebene Zitronenschale, Eidotter sowie Milch dazugeben. Mit dem Elektroquirl oder in der Küchenmaschine zu einem leicht flüssigen Teig verarbeiten und ca. 20 - 30 Minuten „ruhen" lassen.

● Das Eiklar mit Staubzucker und einigen Tropfen Zitronensaft zu sehr steifem Schnee schlagen. Nach Belieben gemahlene Mandeln zufügen. Den Eischnee vorsichtig unter den Teig heben.

● In einer größeren Pfanne Butter oder Butterschmalz erhitzen. Den Teig hineingeben, darauf die Rosinen verteilen, zudecken und auf einer Seite goldgelb

backen. Wenden, mit einer Gabel in Stücke teilen und unter weiterem Umrühren fertigbacken. Mit reichlich Staubzucker bestreut, heiß servieren.

Unser Tip:
Zum „Kaiserschmarrn" reichen Sie am besten Preiselbeeren, Apfelmus oder ein Kompott. Sie können ihn sowohl als Hauptgericht, als auch in kleineren Portionen als Nachspeise servieren.

Interessant für Sie:
Die Geschichte erzählt, daß der „Kaiserin-Schmarrn" ursprünglich der Kaiserin Elisabeth, Gemahlin Franz Josefs I. von Österreich, vom Hofkoch gewidmet worden ist. Da sie ihn nicht so gerne mochte, Franz Josef I. ihn hingegen liebte, wurde er ganz einfach umgetauft.

Kärntner Apfelschmarrn

250 g Mehl	1 EL Zitronensaft
etwa 3/8 l Milch	60-80 g Butter oder Butter- schmalz
1/4 TL Salz, Zucker	
4 Eidotter (Eigelb)	2 EL Zucker, mit 1/2 TL Zimt gemischt, zum Bestreuen
ca. 300 g Äpfel	

● Mehl, Milch, Salz und Zucker verrühren. Dazu am besten den Elektroquirl einsetzen. Nach und nach die Eidotter dazugeben und weiterrühren. Etwa 10 Minuten rasten lassen.

● Inzwischen die Äpfel schälen, vierteln, vom Kerngehäuse befreien und in dünne Spalten schneiden. Diese in eine Rührschüssel geben und mit Zitronensaft beträufeln. Gut durchmischen.

● Die Eiklar unter Zugabe von etwas Zitronensaft sehr steif schlagen und unter die Teigmasse heben.

● In einer größeren Pfanne ein wenig Butter oder Butterschmalz erhitzen, etwa ein Viertel der Teigmasse hineingeben, einige Apfelspalten darauflegen und von beiden Seiten ausbakken.

● Nach Belieben zerteilen oder im Ganzen, mit Zimtzucker bestreut, servieren.

● Nacheinander den gesamten Teig ausbacken. Warm servieren.

Liwanzen
(Niederösterreich)

250 g Mehl	1 Ei, 1 Prise Salz
20 g Germ (Hefe)	Öl zum Ausbacken
30-40 g Butter	Butter und Powidl
50-60 g Zucker	(Zwetschkenmus) zum
ca. 1/8 l Milch	Bestreichen

● Aus den angegebenen Zutaten, wie in der Grundzubereitung beschrieben, einen Germteig zubereiten und gehen lassen.

● Auf einem bemehlten Backbrett etwa 1/2 cm dick ausrollen und runde Scheiben von etwa 6 cm Größe ausstechen. Diese nochmals gehen lassen.

● In einer größeren Pfanne etwas Öl erhitzen und die Scheiben beidseitig goldgelb ausbacken. Abkühlen lassen, dann mit Butter bestreichen, auf auf die Hälfte der Scheiben Powidl geben und je zwei zusammensetzen.

Nockerln

Grundregeln für die Zubereitung:

Weit über die Landesgrenzen hinaus bekannt sind die „Salzburger Nockerln", kurz „Nockerln" genannt. Hierbei handelt es sich um ein typisch österreichisches Mehlspeisengericht. Die Nockerln sind eigentlich ein köstliches Gebilde aus Butter, Eidottern (Eigelb), Zucker und Eischnee. Die Zubereitung ist, wie die Rezeptvorschläge dieses Buches zeigen, nicht schwierig. Vorraussetzung für eine gute „Nockerlmasse" ist ein sehr gut geschlagener Eischnee. Gleichfalls wichtig ist, daß das Backrohr stets ausreichend lang vorgeheizt ist. Die Form

Salzburger Nockerln

5 Eiklar (Eiweiß)	
30 g feiner Zucker	
1 Pa Vanillezucker	
1 TL Zitronensaft	
3 Eidotter (Eigelb)	
20-30 g Mehl	
30 g weiche Butter und 10-20 g Zucker für die Form	
4 EL heiße Milch	
1 TL Rum	
Staubzucker z. Bestreuen	

● Das Backrohr auf 200 - 220°C vorheizen.

● Die Eiklar zu sehr steifem Schnee schlagen, nach und nach Zucker, Vanillezucker und einige Tropfen Zitronensaft dazugeben, bis die Masse sehr fest geworden ist.

● Die Eidotter mit dem Mehl verrühren, dazugeben und kurz untermischen.

● Eine längliche Auflaufform mit Butter ausfetten und mit reichlich Zucker bestreuen. Heiße Milch mit

sollte groß genug und gut hitzebeständig sein. Am besten eignen sich daher ovale Porzellan- oder Keramikformen, die üppig mit Butter ausgestrichen werden. Die Salzburger Nockerln zählen zur Gruppe der Soufflées. Alte Überlieferungen besagen, daß sie bereits im 16. Jahrhundert erstmals serviert wurden.

Fortsetzung nächste Seite

Rum mischen und in die Form geben.

● Aus der Schaummasse 3 große, hohe „Nockerln" in die Form setzen und

sofort in das heiße Backrohr geben. In 12 - 17 Minuten goldgelb backen.

● Mit reichlich Staubzucker bestreut servieren.

Salzburger Nockerln mit Ribisel-Rotweinsoße

Nockerln:	8 Eiklar (Eischnee)
40 g Butter	etwas Zitronensaft
1/8 l süßer Rahm (Sahne)	Staubzucker (Puderzucker)
1 Pa Vanillezucker	Ribisel-Rotweinsoße:
4 Eidotter, 60 g Zucker	5 EL Ribiselgelee (Johannisbeergelee)
2 EL trockener Weißwein oder Rum	1/8 l trockener Rotwein
40 g Mehl	1 EL Honig
1 Prise Salz	1 Pa Vanillezucker

● Das Backrohr mit eingesetztem Rost auf 200 - 220°C vorheizen.

● Butter, Sahne und Vanillezucker in einen Kochtopf geben und kurz aufkochen lassen. Dabei mit einem Schneebesen kräftig durchrühren.
Beiseite stellen.

● Die Eidotter mit dem Zucker in einer Rührschüssel sehr schaumig rühren. Weißwein oder Rum, gesiebtes Mehl sowie Salz

dazugeben und weiterrühren, bis die Masse sehr cremig ist.

● Die Eiklar unter Zugabe von Zitronensaft zu sehr steifem Schnee schlagen und rasch unter die Eidottermasse ziehen.

● In eine größere, feuerfeste Auflaufform zunächst die Rahmsoße füllen, dann die Schneemasse daraufgeben und mit einem Teigschaber hügelige „Nockerln" formen.

Koche, Puddinge und Aufläufe

Grundregeln für die Zubereitung:

Koche werden, wie die Bezeichnung schon verdeutlicht, in der Regel auf der Kochplatte mit Milch, Wasser, verschiedenen Geschmackszutaten, Früchten und Mehl gekocht. Dabei ist ein beständiges Umrühren wichtig, damit die Masse nicht am Topfboden ansetzt. Butter oder Schmalz sollten, zur Geschmacksverbesserung, stets dazugegeben werden.

Puddinge lassen sich in einer gut geschlossenen Spezialform im Wasserbad (hoher Kochtopf) zubereiten. Wichtig ist, daß die Form nur zu dreiviertel gefüllt ist, da der Pudding während des Kochens noch aufgeht. Vorsichtig Wasser bis etwa 2 cm unter den Rand gießen.

Aufläufe bereitet man am besten in einer größeren, hitzebeständigen Form im Backrohr (Backofen) zu. Es reicht aus, nur den Boden der Form zu fetten. Nach dem Einfüllen der Masse sollte die Oberseite glatt gestrichen werden. Für eine bessere Krustenbildung kann man geriebene Semmeln, Zucker oder Fettflöckchen obenauf verteilen. Auflaufformen immer auf den Rost stellen.

Topfenpudding (Niederösterreich)

75 g Butter, 125 g Zucker	30 g gehackte Mandeln
1 Prise Salz, 3 Eier	abgeriebene Schale 1/2 unbehandelten Zitrone
500 g Topfen (Quark)	
75 g feiner Grieß	Butter und Semmelbrösel für die Form
5 EL Milch	

● Butter mit Zucker, Salz und Eiern schaumig rühren, dann den gut abgetropften Topfen,

Grieß, Milch, Mandeln und Zitronenschale dazugeben. Nochmals gut durchmischen.

● Sofort in das heiße
Backrohr setzen und etwa
15 - 20 Minuten goldgelb
backen.

● Inzwischen die Soße
vorbereiten. Hierzu das
Ribiselgelee mit Rotwein,
Honig und Vanillezucker
aufkochen und gut durch-
rühren.

● Die Nockerln auf Des-
serttellern anrichten, mit
reichlich Staubzucker

bestreuen und mit der
Soße umgießen. Sofort
servieren.

Unser Tip:

Anstelle von Ribiselgelee
können Sie auch Brom-
beergelee von schwarzen
Beeren verwenden. Geben
Sie dann noch etwas
Zucker dazu. Die Zuberei-
tung bleibt gleich.

Buches ist, daß sie fast alle aus qualitativ hochwertigen, preisgünstigen Zutaten hergestellt werden, die Sie überall einkaufen können. Außerdem benötigen Sie für die Zubereitung keine speziellen Küchengeräte, denn alle Vorbereitungen können Sie mit Ihrem vorhandenen Zubehör erledigen.

Somit hoffe ich, daß Ihnen meine Reise durch die „Österreichische Mehlspeisenküche" gefällt und Sie mit Hilfe des kleinen Küchenlexikons als „Sprachführer" durch das Land viel Freude beim Ausprobieren der Rezepte haben.

Ihre

Maria Wiesmüller

Inhalt

Typische Mehlspeisen
– ein kleiner Überblick

Alle „Warmen Mehlspeisen" werden, wie die Bezeichnung schon sagt, frisch und warm, entweder aus dem Backrohr (Backofen) oder aus der Pfanne serviert. Da seien vor allem die **Strudel** erwähnt, die mit verschiedenen, jeweils regional typischen Füllungen zubereitet werden. Aus Erdäpfel (Kartoffel)-Teig entstehen so leckere Gerichte wie **Knödel, Nudeln** oder **Nocken.** Diese werden verschiedenartig gefüllt und mit allerlei raffinierten Soßen serviert. Auch die **Schmalzgebäcke,** früher oftmals nur an Feiertagen serviert, dürfen in der Mehlspeisenküche nicht fehlen. Die mit „Powidl" (Zwetschkenmus) gefüllten Pafesen oder die typischen Strauben sind nur zwei Beispiele. Zu den **Mehlspeisen, die in der Pfanne** zubereitet werden, gehören vor allem die **Palatschinken,** die verschiedenartig gefüllt werden. Gleich beliebt sind die **Schmarrn,** von denen der „Kaiserschmarrn" der wohl Bekannteste ist. Aus dem Salzburger Land stammen die weit über die Landesgrenzen hinaus bekannten **„Salzburger Nockerln"** - eine recht empfindliche Mehlspeise aus Mehl, Eidottern (Eigelb), Zucker und Eischnee. Auch **Puddinge** und **Aufläufe,** vor allem den typischen „Scheiterhaufen", findet man in vielen Regionen Österreichs. Zu den kalt servierten Mehlspeisen gehören alle **Gebäcke** und **Kuchen,** die sich den verschiedenen Teigarten (Germ-, Mürb-, Biskuit- und Rührteig) zuteilen lassen. Den Abschluß bilden **Cremespeisen** und **süße Soßen,** die leicht zuzubereiten sind. Insbesondere die süßen Soßen serviert man gerne zu vielen warmen Mehlspeisen, da sie diese in Geschmack, Farbe und Nährstoffgehalt harmonisch ergänzen.

Die verschiedenen Grundzutaten und ihre Verwendung

Mehl:

Zur Herstellung der Mehlspeisen verwendet man hauptsächlich ein helles Weizenmehl und/oder Stärkemehl aus Kartoffeln, Mais oder Reis. Die im Weizenmehl enthaltenen Eiweißstoffe, „Kleber" genannt, sind besonders quellfähig. Sie bilden beim Backen das elastische Gerüst. Teige wie Mürb- oder Strudelteig, die ohne Triebmittel (Backpulver, Germ) zubereitet werden, müssen daher vor der Weiterverarbeitung ruhen, damit die Eiweißstoffe genügend ausquellen können. Stärkemehle besitzen keinen Kleberanteil. Für elastische Teige sind sie daher nicht einsetzbar. Bei eireichen Teigen hingegen, beispielsweise Biskuitmasse, kann Weizenmehl teilweise durch Stärkemehl ersetzt werden. Das Gebäck wird somit feinporiger. Salz verbessert das Quellvermögen des Klebers und sollte daher in kleinen Mengen (1 Prise) stets den Mehlspeisen zugegeben werden.

Milch, Obers:

Jede handelsübliche Milchsorte, ob die fettere Vollmilch oder die Magermilch, ist für die Zubereitung von Mehlspeisen geeignet. Magermilch wird jedoch wegen ihres hohen Eiweißgehaltes bevorzugt verwendet. Zum Backen sollte die Milch lauwarm sein oder zumindest Raumtemperatur aufweisen. Für gekochte Mehlspeisen reicht es, wenn die Milch in einem vorher mit kaltem Wasser ausgespülten Topf bis zum Siedepunkt erhitzt wird.

Obers (süße Sahne, Schlagrahm) hat mindestens 30% Fettanteil. Es wird flüssig verwendet oder gut gekühlt schaumig geschlagen. Zweckmäßig ist es dabei, den Zucker immer zu Beginn dazuzugeben oder Staubzucker (Puderzucker) zu verwenden, der sich besser verteilt.

Fette:

Butter ist ein wichtiger Bestandteil der Mehlspeisenküche. Sie besteht aus etwa 82% Fett, 16% Wasser und einem kleinen Teil Milchsäure, Milchzucker, Vitaminen und Salzen. Butter gibt allen Gerichten und Gebäcken einen besonders feinen Geschmack und ist daher nur teilweise durch Margarine zu ersetzen. Für Mürbteig wird sie, gut gekühlt, stückchenweise eingearbeitet. Weich hingegen wird sie für Backpulverteige benötigt. Sie ist daher rechtzeitig aus dem Kühlschrank zu nehmen. Für Soßen darf sie niemals überhitzt oder zu stark angebräunt sein, sonst schmeckt sie bitter.

Margarine, am besten Pflanzenmargarine, findet vornehmlich für kalte Mehlspeisen, d.h. Gebäcke, gute Verwendung. Sie besteht zu 80% aus Fett und wird daher gerne zum Kochen eingesetzt. Sie gilt jedoch nicht als Butterersatz, sondern eher als eigenständige Zutat.

Schmalz als Schweine-, Gänse-, Butterschmalz ist eine wichtige Zutat der österreichischen Mehlspeisenküche. Es gibt eine Vielzahl von Rezepten, für die Schmalz benötigt wird, nicht nur als Fettzugabe für den Teig, sondern auch zum Backen verschiedenster Gebäcke wie Krapfen, Strauben oder Schöberl. Seine Temperaturbeständigkeit ist dabei besonders wichtig.

Auch **Öl** dient vereinzelt als Backfett oder findet Verwendung für das Bestreichen von Teigen. Falls Öl zum Einsatz kommt, so sollte es hoch ungesättigte Fettsäuren enthalten. Geeignet sind daher Sonnenblumen-, Soja- oder Weizenkeimöl.

Topfen:

Für Mehlspeisen - Rezepte, die frischen Topfen (Quark) empfehlen, sollte am besten ein magerer verwendet werden. Wichtig ist, daß er relativ trocken ist. Deshalb sollte man ihn auf einem Sieb gut abtropfen lassen oder in einem Tuch ausdrücken. Als „Schotten" bezeichnet man einen geräucherten Topfen – Käse, der aus Buttermilch oder aus der auf den Almen gewonnenen Käsemolke hergestellt wird. Diese spezielle Zutat gibt es vornehmlich im Salzburger Land.

Eier:

Sie sind für alle Gerichte der Mehlspeisenküche überaus wichtig. Eier wirken einerseits bindend, anderseits lockernd. Sie sollten stets frisch und von gleicher Größe (z.B. Klasse 3 = 60-65 g) sein. Für Fettschaummassen sollten sie die gleiche Temperatur haben wie die Butter, damit die Masse nicht gerinnt. Beim Trennen der Eier ist darauf zu achten, daß kein Eidotter (Eigelb) in das Eiklar (Eiweiß) gerät. Da der Dotter fetthaltig ist, läßt sich das Eiklar sonst nicht steif schlagen. Genauso wichtig ist, daß Schlagschüssel und Schlagbesen fettfrei sind.

Triebmittel und Geschmacksbeigaben

Eine Vorraussetzung für das gute Gelingen vieler Mehlspeisen ist die gute Lockerung des Teiges. Dazu benutzt man beispielsweise **Germ** (Hefe), die vor allem Backwaren einen typischen Geschmack verleiht. Gute Germ muß stets frisch sein, kenntlich an der gelblich-grauen Farbe und an der feucht-festen Beschaffenheit. **Backpulver** ist ein Gemisch aus Natron, Weinsteinsäure, Stärke und Getreidemehl. Es eignet sich für alle Gebäcke, vor allem für solche, die etwas länger backen dürfen. Wichtig ist,

daß es erst kurz vor dem Backen untergerührt wird.

Für viele Mehlspeisen werden **Nüsse** - ob im Ganzen, gehackt oder gemahlen - verwendet. Auch auf süße **Mandeln** kann man fast nicht verzichten. Kurz im Backrohr angeröstet oder mit heißem Wasser überbrüht, lassen sie sich leicht enthäuten.
Walnüsse besitzen ein feines Aroma, sie sind jedoch sehr geruchsempfindlich. Daher sollten sie stets getrennt aufbewahrt werden. Die süßlich schmeckenden **Pistazien** lassen sich auch anstelle von Mandeln einsetzen. **Kokosraspeln,** die in getrockneter Form erhältlich sind, werden vor allem für die beliebten „Busserl" (Makronen) gebraucht. Zur „Königin der Gewürze" gehört die **Vanille.** Selbst zubereitet - aus ausgeschabten Vanilleschoten mit Zucker gemischt - erhält der Vanillezucker ein besonders intensives Aroma. Alle **Dörrobst**-Produkte, wie Kletzen (Birnen), Marillen (Aprikosen), Rosinen, Sultaninen oder Weinbeeren (Korinthen) werden vor der Verwendung gründlich gewaschen und anschließend gut trockengetupft.

Kleines Küchenlexikon

Aranzini	= Orangeat
Backfett	= Fett zum Ausbacken, z.B. Butterschmalz
Beugel	= Hörnchen
Birestock	= Birnenkompott
Bohnentosche	= Topfen (Quark)-Schmarrn
Buchteln	= gefüllte Stücke aus Germteig, in Wien auch „Wuchteln" genannt
Busserl	= Makronen (Eiweißgebäck)
Chaudeau	= Weinschaumsoße
Dampfl	= Germ (Hefe)-Vorteig
Eidotter	= Eigelb
Eiklar	= Eiweiß
Eiertasche	= Eierschmarrn
Erdäpfel	= Kartoffeln
Fruchtmark	= durch ein Sieb passiertes Obstmark
Germ	= Hefe
Granten	= Preiselbeeren (Kärnten)
Guglhupf	= Napfkuchen
Holler	= Holunder
Karamel	= Zucker, bis zur Braunfärbung geschmolzen
Kerschen	= Kirschen
Kipferl	= kleine Hörnchen
Kletzen	= gedörrte (getrocknete) Birnen (Kärnten: Kloatzen)
Knödel	= Klöße
Krapfen	= in Fett gebackenes Germteiggebäck
Kriese, Kriesen	= Kirschen
Maraschino	= Maraska-Kirschlikör
Marillen	= Aprikosen
Mehlspeisen	= Süßspeisen, Gebäck, Kuchen

Moosbeeren	= Heidelbeeren
Mus	= Milchkoch
Nocken	= längliche Klößchen aus Kartoffelteig
Nußbeugel	= Germteighörnchen mit Nußfüllung
Obers	= Süße Sahne, Schlagsahne
Ofenkatze	= spez. Vorarlberger Germteiggebäck
Palatschinken	= dünne Eierpfannkuchen
Patisserie	= Hotelkonditorei
Pignoli	= Pinienkerne
Pafesen	= panierte (gefüllte), in Fett gebackene Weißbrotschnitten
Powidl	= Zwetschkenmus (Pflaumenmus)
Rahm	= Saure Sahne
Ribisel	= Johannisbeeren
Schlagobers	= Schlagsahne
Schmarrn	= in der Pfanne zubereitete, zerkleinerte Mehlspeise
Semmel	= Brötchen
Semmelbrösel	= Paniermehl
Staubzucker	= Puderzucker
Strauben	= kreisförmiges Gebäck, in heißem Fett ausgebacken
Tommerl	= steirische Mehlspeise aus einer dünnflüssigen Masse
Topfen	= Quark
Topfen-palatschinken	= mit Quark und Rosinen gefüllte Eierpfannkuchen
Vanillekipferl	= kleine Mürbteighörnchen
Weichseln	= Sauerkirschen
Weinbeeren	= Rosinen
Wuchteln	= siehe Buchteln
Zwetschken	= Pflaumen
Zwetschken-röster	= Pflaumenkompott

Ratschläge für die Zubereitung

1. Verwenden Sie nur beste Zutaten, das bedeutet: Frische Milch und Butter, frische Eier, keine abgelagerten Nüsse und kein angetrocknetes Zitronat. Wiegen oder messen Sie die im Rezept angegebenen Zutaten vorher genau ab. Eier sind, falls erforderlich, fein säuberlich zu trennen. Für ein gutes Gelingen sollten die Zutaten am besten Raumtemperatur haben, auch Flüssigkeiten.

2. Das Mehl sollte immer gesiebt sein, damit es luftig wird und es darf erst zuletzt mit dem Backpulver gemischt werden.

3. Bereiten Sie Auflaufformen, Backbleche, Tortenformen etc. vor der eigentlichen Rezeptzubereitung vor. Sie können eingefettet und dann mit Mehl oder Semmelbrösel bestäubt oder mit Wasser bestrichen werden. Backpapier, passend zurechtgeschnitten, leistet ebenfalls gute Dienste.

4. Alle Gerätschaften wie Waage, Meßbecher, Rührschüsseln, Küchenmaschine oder Elektroquirl sollten bereit liegen.

5. Bei der Zubereitung von Germ (Hefe)-Teig muß die Küche warm und zugfrei sein. Der Teig muß stets genügend Zeit zum Aufgehen haben.

6. Falls empfohlen, muß das Backrohr ausreichend lang vorgeheizt werden. Dies ist vor allem für empfindliche Mehlspeisen, wie beispielsweise die Salzburger Nockerln, wichtig.

Strudel

Grundrezept:

250 g Mehl
1 Prise Salz
20 g zerlassene Butter oder 2-3 EL Öl
1 Ei

ca. 100 ml lauwarmes Wasser
etwas Butter, Öl oder Margarine z. Bestreichen des Teiges
weiche Butter zum Bestreichen des Strudels

● Das Mehl in eine Schüssel sieben. In die Mitte eine Mulde eindrükken. Salz, Butter oder Öl und das versprudelte Ei hinzufügen. Zu einem weichen, glatten Teig verkneten. So viel Wasser hinzufügen, bis der Teig eine mittelfeste Konsistenz erhalten hat. Von Hand so lange weiterkneten, bis der Teig nicht mehr anklebt, sondern „seidig" glänzt. Dabei mehrfach auf ein bemehltes Backbrett werfen, bis er ganz glatt und zart ist. Nun daraus eine Kugel formen, mit Fett bestreichen, abdecken und mindestens 30 Minuten rasten lassen.

● Inzwischen die Füllung vorbereiten. Auf einem bemehlten Tuch (Strudeltuch) den Teig etwa 1/2 cm dick ausrollen und mit einem Nudelholz austreiben. Mit den Handrücken unterfassen und von der Mitte her langsam vorsichtig ausziehen, bis er hauchdünn ist. Die dickeren Teigenden wegschneiden.

● Sind beim Ausziehen Löcher entstanden, so „verklebt" man sie mit dünn ausgezogenen

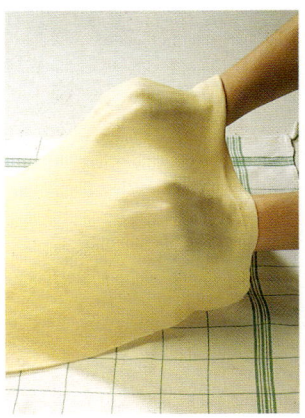

Stücken aus den Teigrändern.

● Die Füllung auf dem Strudelteig verteilen. Die Teigränder einschlagen und den Strudel mit Hilfe des Tuches von der Seite her eng aufrollen.

● Auf ein gefettetes Backblech gleiten lassen, mit Butter bestreichen und im vorgeheizten Backrohr bei 200-220°C in etwa 40-50 Minuten goldbraun bakken. Zwischendurch mehrfach mit Butter bestreichen.

Alt-Wiener Apfelstrudel

Strudelteig-Grundrezept
Seite 10

Füllung:

70 g Rosinen, 2 EL Rum

1 1/2 kg säuerliche Äpfel

120 g Zucker, 1 Msp. Zimt

Außerdem:

100 g Semmelbrösel und
etwas Mehl

100 g Butter z. Bestreichen

Staubzucker (Puderzucker)
zum Bestäuben

● Aus den angegebenen Zutaten des Grundrezeptes einen Strudelteig, wie dort beschrieben, zubereiten und etwa 30 Minuten lang rasten lassen.

● Inzwischen die Füllung vorbereiten. Hierzu die gewaschenen, gut abgetropften Rosinen mit Rum beträufeln und ziehen lassen. Die Äpfel schälen, vierteln, vom Kernhaus befreien und grob raspeln. Zucker, mit Zimt gemischt, darüberstreuen.

● Auf einem Tisch ein großes Backtuch ausbreiten und mit Mehl bestreuen. Den Teig darauf sehr dünn ausrollen und langsam von Hand nach außen ziehen. Die dickeren Teigenden gegebenenfalls wegschneiden.

● Das Backrohr auf 200 - 220°C vorheizen. Das Backblech einfetten.

● Den Strudelteig mit Semmelbröseln bestreuen und zu 2/3 mit Äpfeln belegen. Darüber die Rosinen verteilen. Die seitlichen Teigränder einschlagen und den Strudel mit Hilfe des Tuches aufrollen. Aus dem Tuch auf das Backblech gleiten lassen und mit etwas Butter bestreichen.

● Im heißen Backrohr in ca. 40-50 Minuten backen, dabei immer wieder einmal mit Butter bestreichen. Noch warm, mit Staubzucker bestreut servieren.

Topfenstrudel (Niederösterreich)

Strudelteig-Grundrezept
Seite 10

Füllung:

2 Eiklar (Eiweiß)

50 g weiche Butter

2 Eidotter (Eigelb)

100 g Zucker

1 Pa. Vanillezucker

500 g Topfen (Quark)

100 ml Obers (süße Sahne)

125 g Rosinen, 200 g Äpfel

Saft 1/2 Zitrone

Außerdem:

Butterschmalz z. Einfetten

60 g flüssige Butter

Staubzucker (Puderzucker)
zum Bestäuben

● Aus den angegebenen Zutaten des Grundrezeptes einen Strudelteig, wie dort beschrieben, zubereiten, etwa 30 Minuten rasten lassen und auf einem großen Backtuch ausbreiten.

● Für die Füllung Eiklar steif schlagen. Butter mit Eidottern, Zucker sowie

Vanillezucker schaumig rühren. Nach und nach den gut abgetropften Topfen und das Obers untermischen. Rosinen, sowie geschälte, entkernte und kleingewürfelte Äpfel und Zitronensaft einrühren.

● Das Backblech einfetten und das Backrohr auf 180-200°C vorheizen.

● Den Eischnee unter die Topfenmasse geben und diese auf dem Strudelteig verteilen. Dabei am Rand Platz lassen. Die Ränder einschlagen, den Strudel mit Hilfe des Tuches aufrollen und auf das Backblech gleiten lassen.

● Mit etwas Butter bestreichen dann ca. 50-60 Minuten backen.
Zwischendurch die restliche Butter darüber verteilen.

● Den fertigen Strudel herausnehmen, etwa 20 Minuten ausdampfen lassen, dann aufschneiden und mit reichlich Puderzucker bestreut servieren.

Kirschstrudel aus Tirol
Strudelteig wie Grundrezept, Seite 10

Füllung:	150 g Semmelbrösel
1 kg Kirschen	sehr weiche Butter zum Bestreichen
150 g Butter, 3-4 El Zucker	Staubzucker (Puderzucker)

● Aus den angegebenen Zutaten, wie im Grundrezept beschrieben, einen Strudelteig zubereiten und zugedeckt rasten lassen.

● Inzwischen die Kirschen waschen, trockentupfen und entkernen. Die Butter in einer größeren Pfanne schmelzen und die Brösel darin hellbraun rösten. Auf einem größeren, bemehlten Tuch den Teig mit einem Nudelholz austreiben, mit den Handrücken unterfassen und von der Mitte her so lange vorsichtig ausziehen, bis er hauchdünn ist.

● Mit etwas weicher Butter bestreichen. 2/3 des Teiges mit Semmelbrösel bestreuen. Darauf die Kirschen verteilen. Zucker mit Zimt mischen und darüber streuen. Nun wird der so vorbereitete Strudel von einer Seite her mit Hilfe des Tuches eng aufgerollt. In eine gefettete Bratreine

● Die Teigmasse in eine gut gefettete, mit Semmelbrösel ausgestreute Puddingform füllen und im Wasserbad etwa 60 Minuten lang garen.

Unser Tip:
Zum Topfenpudding paßt gut eine Apfelsoße (Vorarlberger „Sueßlaschnitz"). Das Rezept finden Sie auf Seite 94.

Burgenländer Scheiterhaufen

6 altbackene Semmeln	abgeriebene Schale 1/2 unbehandelten Zitrone
1/2 l lauwarme Milch	50 g Rosinen
weiche Butter für die Form	30 g gehackte Mandeln
50 g weiche Butter	500 g reife Äpfel
80 g Zucker, 2 EL Rum	4 Eiklar (Eiweiß)
4 Eidotter (Eigelb)	30 g Butterflöckchen

● Die Semmeln feinblättrig schneiden, in eine Rührschüssel geben, mit der Milch übergießen und ca. 30 Minuten stehen lassen, dabei gelegentlich umrühren. Das Backrohr auf 200 - 220°C vorheizen.

● Eine größere Auflaufform mit Butter, einfetten. Butter, Zucker, Rum und Eidotter zu einer Schaummasse verrühren, die eingeweichten Semmeln, sowie die Rosinen und Mandeln unterrühren.

● Die Äpfel schälen, vierteln, vom Kerngehäuse befreien und blättrig schneiden. Gleichmäßig unter die Masse mischen. Das Eiklar steif schlagen und locker unterheben.

● Die Mischung in die vorbereitete Form füllen, mit Butterflöckchen belegen, und in 40 - 50 Minuten goldbraun backen.

Unser Tip:
Anstelle der Äpfel können Sie den Scheiterhaufen auch mit anderem Obst gleicher Menge zubereiten. Besonders gut eignen sich Rhabarber oder Kirschen. Verwenden Sie dann statt der gehackten Mandeln geröstete Haselnüsse.

„Mohr im Hemd"
(Salzburg)

75 g weiche Butter
90 g Zucker
4 Eidotter (Eigelb)
4 Eiklar (Eiweiß)
1 TL Zitronensaft
80 g geschmolzene Zart- bitterschokolade
1 1/2 Semmeln (Brötchen), abgerieben, in Milch ein- geweicht, ausgedrückt, durchpassiert
60 g gemahlene Mandeln
50 g Semmelbrösel
weiche Butter und Semmelbrösel für die Form
200 ml Schlagrahm (süße Sahne)
2 El Zucker

● Die Butter mit 60 g Zucker und den Eidottern sehr schaumig rühren. Weiche Schokolade, vorbereitete Semmeln, gemahlene Mandeln, sowie Semmelbrösel dazugeben, und alle Zutaten gut verrühren.

● Die Eiklar halbsteif schlagen, den restlichen Zucker einrieseln lassen und einige Tropfen Zitronensaft dazugeben. Weiter schlagen, bis die Masse sehr steif ist. Vorsichtig unter die Eidottermischung heben.

● Eine hitzebeständige Puddingform (Wasserbadform) mit Butter einfetten und mit Semmelbrösel ausstreuen. Die Teigmasse einfüllen, die Form ver-

schließen und im siedenden Wasserbad für 1 Stunde kochen lassen. Kurz abdämpfen, dann stürzen.

● Mit gesüßtem, geschlagenem Rahm servieren.

Unser Tip:

Sollten Sie keine spezielle Form besitzen, so können Sie auch eine Guglhupfform aus Metall oder hitzebeständigem Porzellan einsetzen. Die Teigmasse wird in die gefettete und ausgebröselte Form gegeben. In die tiefe Bratpfanne (Backrohr) gibt man ca. 1 1/2 l heißes Wasser, setzt die Form hinein und deckt sie mit einem großen Porzellanteller ab. Nun kann der Teig darin in etwa 1 1/2 Stunden gar werden.

„Klotzenkoch"
aus dem Salzburger Land

1 kg „Klotzen" (getrocknete Birnen)	1 EL Mehl
	50 g Butter
Wasser	Zucker

● Die getrockneten „Klotzen" etwas kleinschneiden, in einen größeren Topf geben, Wasser hinzufügen und weichkochen. Dabei immer wieder einmal umrühren.

● Abkühlen lassen, dann faschieren (durch den Fleischwolf drehen) oder in der Küchenmaschine grob pürieren. Etwas Kochflüssigkeit mit kalt angerührtem Mehl mischen, dazugeben und nochmals aufkochen lassen.

● Auf Teller verteilen, mit zerlassener Butter begießen und mit Zucker bestreuen. Warm servieren.

Schmalzkoch
aus Niederösterreich

250 g Mehl	100 g Butterschmalz
1/2 TL Salz	100 g Weinbeeren (Rosinen)
1-2 Eier	
5-7 EL süßer Rahm (Sahne)	40 g Zucker
3/4 l Milch	1 TL Zimt, mit 30 g Zucker gemischt
1/2 TL Salz	

● Mehl, Salz, Eier und Rahm mischen. Zu einem glatten, nicht zu festen Teig verkneten. Diesen 1/2 Stunde lang rasten lassen, dann dünn auf einem bemehlten Backbrett ausrollen und zu feinen „Teiggerstl'n" zerhacken. Lokkern und etwas antrocknen lassen.

● Milch, Salz und Butterschmalz in einer weiten Kasserolle oder einer größeren Pfanne aufkochen.

● Die „Gerstl" einrühren und zugedeckt bei schwacher Hitze etwa eine Stunde lang garziehen lassen. Gelegentlich umrühren.

● Nach der Hälfte der Zeit gewaschene, gut abgetropfte Weinbeeren und den Zucker unterziehen. Gegen Ende den Deckel abheben. Das Schmalzkoch ist fertig, wenn die Flüssigkeit eingekocht ist.

● Mit Zimtzucker bestreut servieren.

Interessant für Sie:

Das Schmalzmus ist eine typische Kirchtagsspeise. Auch zu Hochzeiten wird es gerne serviert. Dazu trinkt man einen kräftigen Milchkaffee.

Reis Trauttmansdorf
(Wien)

1/2 l Milch	3 EL Zucker
125 g Milchreis	2-3 EL Rum oder Maraschino
1 Prise Salz	
etwas abgeriebene Schale 1 unbehandelten Zitrone	4 Blatt Gelatine
	1/4 l Schlagrahm (süße Sahne)
300 g Kompottfrüchte (Kirschen, Himbeeren oder Birnen)	
	etwas Staubzucker (Puderzucker)

● Die Milch erhitzen, Reis, Salz und Zitronenschale zugeben und bei schwacher Hitze etwa 35 Minuten quellen lassen. Dann den Zucker unterrühren. Die in Rum oder Maraschino marinierten, kleingeschnittenen Früchte mit der aufgelösten Gelatine unter den Reis mischen.

● Vor dem Erstarren den mit etwas Staubzucker steif geschlagenen Rahm unterziehen, die Masse in eine kalt ausgespülte Form geben und erkalten lassen.

● Zum Anrichten die Form kurz in heißes Wasser tauchen, dann stürzen.

Raabtaler Weinbackerl

(Steiermark)

100 g Rosinen	abgeriebene Schale einer 1/2 unbehandelten Zitrone
1 Glas trockener Weißwein	40-50 g Semmelbrösel
6-8 altbackene Semmeln (Brötchen)	40-50 g gem. Mandeln
1/2 l warme Milch	4 Eiklar (Eiweiß)
60 g Butter	1 TL Zitronensaft
4 Eidotter (Eigelb)	Butter und Semmelbrösel für die Form
60 g Zucker	80-100 ml trockener Weißwein
1 Pa Vanillezucker	1 EL Zucker
1 Prise Salz	

● Die Weinbeeren heiß überbrühen, gut abtropfen lassen, in eine Schüssel geben, den Wein hinzugießen, umrühren und etwa 1 Stunde lang durchziehen lassen. Dabei gelegentlich umrühren.

● Die Semmeln in gleichmäßige, dünne Scheiben schneiden und mit der Milch übergießen. Die Butter schaumig rühren. Hierzu am besten den Elektroquirl einsetzen. Nach und nach Eidotter, Zucker, Vanillezucker, Salz und Zitronenschale zugeben. Zuletzt Rosinen, Semmelbrösel sowie Mandeln hinzufügen und nochmals gut durchrühren.

● Das Backrohr auf 170 - 190°C vorheizen.

● Eiklar mit Zitronensaft schnittfest schlagen und unter die Semmelmasse heben. Diese nun in eine größere, gefettete und mit Semmelbröseln ausgestreute Form füllen. In das Backrohr stellen und in etwa 30 - 40 Minuten goldgbraun backen.

● Nach dem Herausnehmen etwas überkühlen lassen. Wein mit Zucker erwärmen und über den Auflauf gießen. Sogleich servieren.

Weicher Marillen-Topfentommerl

(Steiermark)

300 g Marillen (Aprikosen)
Butter für die Form
50 g weiche Butter
50 g Zucker
2-3 Eidotter (Eigelb)
1 Prise Salz
150 g Weizengrieß oder Mehl
1/8 l Milch
abgeriebene Schale 1/2 unbehandelten Zitrone
1 EL Zitronensaft
500 g Topfen (Quark)
2-3 Eiklar (Eiweiß)
1 EL Zitronensaft

● Die Marillen mit der Schnittfläche nach unten in eine gefettete, ofenfeste Form geben.

● Weiche Butter, Zucker, Eidotter und Salz in eine Rührschüssel geben und am besten mit dem Elektroquirl schaumig schlagen. Weizengrieß oder Mehl, Milch, Zitronenschale sowie -saft dazugeben. Den gut abgetropften Topfen hinzufügen und alles gut verrühren, bis die Masse geschmeidig ist.

● Das Backrohr auf 170 - 190°C vorheizen.

● Eiklar unter Zugabe von
Zitronensaft steif schlagen
und untermischen.

● Den Teig über die
Früchte in die Form
gießen, glattstreichen und
im heißen Backrohr in etwa
40 - 50 Minuten backen
lassen.

Mehlspeisen aus Germ (Hefe)-Teig

Grundzubereitung

● Das Mehl in eine Rührschüssel geben und in die Mitte eine Vertiefung eindrücken. Germ hineinbröckeln, mit etwas lauwarmer Milch sowie 1 - 2 TL der Zuckermenge zu einem dicklichen Brei verrühren. Etwas Mehl darüberstäuben und dieses „Dampfl" zugedeckt, an einem warmen Ort etwa 15 - 20 Minuten gehen lassen.

● Anschließend Salz, weiches Fett, den restlichen Zucker, die restliche Milch, Ei und die weiteren Geschmackszutaten dazugeben.

● Mit dem Elektroquirl mit Knethaken oder in der Küchenmaschine durchkneten, bis sich der Teig glatt und glänzend vom Schüsselrand löst.

● Nochmals ca. 20 Minuten gehen lassen. Der Teig sollte dann sichtbar aufgegangen und elastisch sein.

Unsere Tips:

Der Teig ist gut aufgegangen, wenn man ihn mit der Fingerkuppe eindrücken kann, diese Einbuchtung sich jedoch sofort wieder zurückbildet. Germteiggebäcke werden stets auf einem gut gefetteten, mit Backpapier ausgelegten Backblech oder in einer gefetteten Form gebacken.

Tiroler Nußkipferl

Teig:	Eidotter zum Bestreichen
300 g Butter, 500 g Mehl	Füllung:
3 EL Zucker	200 g gemahlene Haselnüsse
4 Eidotter (Eigelb)	50 g gehackte Haselnüsse
40 g Germ (Hefe)	250 g Zucker, 50 ml Milch
6-7 EL Milch, lauwarm	1 Pa Vanillezucker
1 Prise Salz	1 EL Rum, 2 EL Konfitüre

● Das Mehl in eine Schüssel sieben, die Butter in Flöckchen darauf verteilen. Mit Zucker, Eidotter und mit in lauwarmer Milch aufgelöstem Germ sowie Salz zu einem glatten Teig verarbeiten. Auf bemehlter Arbeitsfläche den Teig sehr dünn austreiben und in Vierecke schneiden.

● Den Backofen auf 200 - 220°C vorheizen. Für die Nußfüllung alle Zutaten verrühren, auf die Teigstückchen geben, diese zu „Kipferln" (Hörnchen) formen, mit Eidotter bestreichen. Auf ein gefettetes und bemehltes Backblech legen und in 15 - 20 Minuten goldbraun backen.

Feine „Krapfa"
(Germkrapfen aus Vorarlberg)

500 g Mehl	100 g weiche Butter
40 g Germ (Hefe)	etwa 500 - 700 g Butterschmalz zum Ausbacken
80-100 g Zucker	
1 Pa Vanillezucker	4 EL Marillen-(Aprikosen-)Marmelade zum Füllen - nach Belieben
Salz	
etwa 1/4 l lauwarme Milch	
2-3 Eidotter (Eigelb)	Staubzucker (Puderzucker) zum Bestreuen

● Das Mehl in eine größere Rührschüssel sieben, in die Mitte eine Vertiefung eindrücken. Germ zerbröckeln, hinzugeben und mit etwas Milch und Zucker verrühren. Dieses „Dampfl" zugedeckt, an einem warmen Ort, ca. 20 - 30 Minuten gehen lassen.

● Die restliche Milch, den restlichen Zucker, Vanillezucker, Salz, Eidotter und weiche Butter hinzugeben und alles zu einem geschmeidigen Teig verabeiten, der sich gut vom Schüsselrand lösen sollte. Hierzu am besten die Küchenmaschine oder den Elektroquirl einsetzen.

● Den Teig auf bemehlter Arbeitsfläche ca. 2 cm dick ausrollen, mit einem Glas Kreise von etwa 8 cm Durchmesser ausstechen und mit einem trockenen Tuch zugedeckt nochmals 15 - 20 Minuten gehen lassen.

● Das Butterschmalz erhitzen, die Teigkreise vorsichtig hineingeben und von jeder Seite in etwa 3 Minuten goldbraun backen lassen. Dabei ein- oder mehrmals wenden.

● Die fertigen Krapfen mit Hilfe einer Schaumkelle vorsichtig aus dem heißen Fett heben und auf Küchenpapier abtropfen lassen.

● Ausgekühlt nach Belieben mit Marillenmarmelade füllen. Hierzu am besten eine Krapfenspritztülle einsetzen. Mit reichlich Staubzucker bestreut servieren.

Vorarlberger Ofenkatze
(Germguglhupf)

500 g Mehl	30 g getrocknete Kletzen (Birnen)
40 g Germ (Hefe)	120 g Weinbeeren (Rosinen)
60-80 g Zucker	etwas Rum, Zucker, Zimt
1 Pa Vanillezucker, Salz	20 g Butter für die Form
ca. 1/4 l lauwarme Milch	1 EL Semmelbrösel
2 Eier	
120 g weiche Butter	

● Das Mehl in eine größere Schüssel sieben. In die Mitte eine Vertiefung eindrücken, Germ zerbröckeln, hinzugeben und mit etwas Milch sowie Zucker verrühren. Dieses „Dampfl" zugedeckt, an einem warmen Ort, ca. 20 - 30 Minuten gehen lassen.

● Die restliche Milch, den restlichen Zucker, Vanillezucker, Salz, Eier und weiche Butter zum Vorteig geben. Kleingewürfelte Kletzen sowie Weinbeeren mit Rum vermischen. Zucker und Zimt dazugeben und etwas durchziehen lassen. Diese Mischung zum Germteig geben und alles gut verkneten, so daß sich der Teig vom Schüsselrand löst. Hierzu am besten die Küchenmaschine oder den Elektroquirl einsetzen.

● Nochmals 15 - 20 Minuten gehen lassen, dann auf bemehlter Arbeitsfläche ausrollen und in eine gefettete, mit Semmelbröseln ausgestreute Guglhupfform geben.

● Weitere 10 - 15 Minuten aufgehen lassen, dann im vorgeheizten Backrohr bei 170 - 180°C in 50 - 60 Minuten backen.

● In der Form ausdämpfen lassen, rundum lockern und stürzen.

Tiroler Oster-Fochaz

<u>Teig:</u> 1 kg Mehl, 30 g Germ

75 g Zucker

1/4 l Milch, lauwarm

3 Eidotter (Eigelb)

1/2 TL Salz

125 g zerlassene Butter

<u>Zum Bestreichen:</u>

1 Eidotter, 2 EL Milch

● Das Mehl in eine Schüssel sieben, eine Mulde eindrücken, Germ hineinbröckeln und mit etwas Milch und Zucker verrühren. Zugedeckt an einem warmen Ort ca. 30 Minuten gehen lassen. Die restliche Milch, Eidotter, Salz und Butter dazugeben und zu einem glatten Teig verarbeiten, der sich gut vom Schüsselrand lösen muß. Nochmals 15 - 20 Minuten gehen lassen.

● Den Backofen auf 180 - 200°C vorheizen. Den Teig in drei gleichgroße Stücke teilen. Aus jedem Teil eine Rolle von 50 cm Länge formen. Aus den drei Strängen einen Zopf flechten und an den Enden zu einem runden Kranz zusammendrücken. Auf einem gefetteten Backblech nochmals etwas gehen lassen, mit verquirltem Eidotter bestreichen und in 35 - 45 Minuten goldbraun backen.

Powidl-Kolatschen
(Niederösterreich)

500 g Mehl, 30 g Germ	abgeriebene Schale 1/2 unbehandelten Zitrone
100 g weiche Butter	
80-100 g Zucker	Powidl (Zwetschkenmus) oder Marmelade z. Füllen
ca. 1/4 l Milch	
1 Pa Vanillezucker	1-2 Eier, etwas Wasser zum Bestreichen
3 Eidotter (Eigelb)	

● Aus den angegebenen Zutaten, wie in der Grundzubereitung auf Seite 58 beschrieben, einen Germteig zubereiten und gehen lassen.

● Messerrückendick ausrollen, in Quadrate von ca. 12x12 cm schneiden, in die Mitte je 1 EL von der Füllung geben, die Ecken mit dem mit Wasser verklopften Ei bestreichen und zur Mitte hin übereinanderschlagen. Auf ein gefettetes Backblech geben und nochmals gehen lassen. Inzwischen das Backrohr auf 180 - 200°C vorheizen.

● Die aufgegangenen Gebäcke nochmals mit Ei bestreichen, dann in 25 - 30 Minuten backen.

Germkrapfen mit Zwetschkenfülle
(Kärnten)

500 g Mehl, 40 g Germ	ca. 500 g Butterschmalz zum Ausbacken
80 - 100 g Zucker	
1 Pa Vanillezucker, Salz	4 - 6 EL Zwetschkenmarmelade zum Füllen
etwa 1/4 l lauwarme Milch	
2 - 3 Eidotter (Eigelb)	Staubzucker (Puderzucker) zum Bestreuen
125 g weiche Butter	

● Das Mehl in eine größere Rührschüssel sieben, in die Mitte eine Vertiefung eindrücken, Germ zerbröckeln, hinzugeben und mit etwas Milch sowie Zucker verrühren. Dieses

Fortsetzung nächste Seite

„Dampfl" zugedeckt, an einem warmen Ort ca. 20 - 30 Minuten gehen lassen.

● Die restliche Milch, den restlichen Zucker, Vanillezucker, Salz, Eidotter und weiche Butter hinzugeben. Alles zu einem geschmeidigen Teig verarbeiten, der sich gut vom Schüsselrand lösen sollte. Hierzu am besten die Küchenmaschine oder den Elektroquirl einsetzen.

● Den Teig auf bemehlter Arbeitsfläche ca. 2 cm dick ausrollen, mit einem Glas Kreise von etwa 8 cm Durchmesser ausstechen und mit einem trockenen Tuch zugedeckt nochmals 15 - 20 Minuten gehen lassen.

● Das Butterschmalz erhitzen, die Teigkreise vorsichtig hineingeben und von jeder Seite etwa 3 Minuten goldbraun backen lassen. Dabei ein- oder mehrmals wenden.

● Die fertigen Krapfen mit Hilfe einer Schaumkelle vorsichtig aus dem heißen Fett heben und auf Küchenpapier abtropfen lassen.

● Ausgekühlt mit Zwetschkenmarmelade füllen. Hierzu am besten eine Krapfenspritztülle einsetzen. Mit Staubzucker bestreut servieren.

Kärntner Reindling

Teig:	120 g weiche Butter
500 g Mehl	Füllung:
40 g Germ (Hefe)	50 g Butter
60-80 g Zucker	100 g Zucker. 1EL Zimt
1 Pa Vanillezucker, Salz	100 g Weinbeeren (Rosinen)
etwa 1/4 l lauwarme Milch	
2-3 Eier	50 g Butter für die Form

● Das Mehl in eine größere Rührschüssel sieben, in die Mitte eine Vertiefung eindrücken, Germ zerbröckeln, hinzugeben und mit etwas Milch sowie Zucker verrühren.

● Dieses „Dampfl" zugedeckt an einem warmen Ort ca. 20 - 30 Minuten gehen lassen.

● Die restliche Milch, den restlichen Zucker, Vanillezucker, Salz, Eier und weiche Butter hinzugeben und alles zu einem geschmeidigen Teig verarbeiten, der sich gut vom Schüsselrand lösen sollte. Hierzu am besten die Küchenmaschine oder den Elektroquirl einsetzen.

● Den Teig auf bemehlter Arbeitsfläche ca. 2 cm dick ausrollen und mit einem trockenen Küchentuch abdecken.

● Für die Fülle die Butter zerlassen und die Teigoberfläche damit bestreichen. Zucker mit Zimt mischen und darüberstreuen. Die Weinbeeren waschen, mit Küchenpapier trockentupfen und gleichmäßig auf dem Teig verteilen.

● Nun den Teig fest einrollen und in eine gut gefettete Reine (emaillierte Bratform) oder besser in eine gefettete Guglhupfform geben.

● Nochmals 15 - 20 Minuten gehen lassen, dann im vorgeheizten Backrohr bei 170 - 180°C in 50 - 60 Minuten backen.

● In der Form ausdampfen lassen, rundum lockern, dann stürzen.

Buchteln (Wuchteln) Wiener Art

500 g Mehl, Salz	abgeriebene Schale 1/2 unbehandelten Zitrone
30 g Germ (Hefe)	
ca. 50 ml lauwarme Milch	100 g Butter zum Backen
1 Ei, 75 g Zucker	Marillen (Aprikosen)-Marmelade oder Zwetschkenmus z. Füllen
1 Pa Vanillezucker	
80 g weiche Butter	

● Mehl mit Salz in eine Rührschüssel sieben. In die Mitte eine Vertiefung eindrücken, Germ zerbröckeln, hinzugeben und mit etwas Milch und Zucker verrühren. Dieses „Dampfl" zugedeckt, an einem warmen Ort, ca. 20 - 30 Minuten gehen lassen.

● Die restliche Milch, den restlichen Zucker, Vanillezucker, Ei, Butter und Zitronenschale hinzugeben und zu einem weichen Teig verarbeiten, der sich gut vom Schüsselrand lösen muß.

● Den Teig auf bemehlter Arbeitsfläche ca. 2 cm dick austreiben, in Quadrate schneiden, darauf je 1 Teelöffel Marmelade oder Zwetschkenmus geben und zusammenfassen.

● Eine größere Bratreine oder eine hitzebeständige Auflaufform mit etwas Butter ausstreichen und die Wuchteln, mit der glatten Seite nach oben, nebeneinander hineinsetzen. Abgedeckt nochmals 15 - 20 Minuten gehen lassen. Inzwischen das Backrohr auf 180 - 200°C vorheizen.

● Die Oberseite der Wuchteln mit reichlich Butter bestreichen, in das Backrohr geben und ca. 45 Minuten backen, dabei nochmals mit Butter bestreichen.

● Ist die Oberseite schön hellbraun geworden, so ist das Gebäck fertig.

Unser Tip:

Mit Vanillesauce servieren.

Grazer Triëtschnitten
(Steiermark)

Teig:	Zum Wenden:
350 g Mehl	50 g Zucker, 1/2 TL Zimt
20 g Germ (Hefe)	Zum Begießen:
40 g Zucker	1/2 l trockener Weißwein
40 g weiche Butter	etwas Zimt
100 ml lauwarme Milch	etwas Nelkenpulver
1 Ei	etwas abgeriebene Schale 1/2 unbehandelten Zitrone
1 Prise Salz	2-3 EL Zucker

● Den Germteig, wie in der Grundzubereitung auf Seite 58 beschrieben zubereiten und gehen lassen.

● Inzwischen das Backrohr auf 170 - 190°C vorheizen

● Den Teig in eine längliche Kastenform geben und in 30 - 40 Minuten goldbraun abbacken.

● Noch warm in ca. 2 cm dicke Scheiben schneiden, diese auf ein gefettetes Blech gelegt, bei etwa 130 - 150°C im Backrohr, trocknen. Anschließend in einem Gemisch aus Zucker und Zimt wälzen.

● Aus Wein, Zimt, Nelkenpulver, abgeriebener Zitronenschale und Zucker einen Glühwein zubereiten.

● Die Teigscheiben auf tiefe Teller verteilen, mit dem Wein begießen und durchziehen lassen. Lauwarm servieren.

Interessant für Sie:

Das Trocknen des „Triët" im heißen Backrohr nennt man eigentlich „bähen".

Mehlspeisen aus Mürbteig

Grundzubereitung

● Das mit Backpulver gemischte Mehl in eine Rührschüssel sieben. Zucker, Eier, Gewürze, in Stückchen zerteilte Butter oder Margarine und - je nach Rezept - weitere Zutaten zufügen.

● Damit das Mehl nicht staubt, den Elektroquirl mit Knetern auf die niedrigste Stufe einstellen, dann auf der höchsten Stufe alles in etwa 2 Minuten zu einem Kloß verkneten. Sollte der Teig noch etwas krümelig sein, etwas Flüssigkeit dazugeben oder kurz von Hand zusammenkneten.

● In Folie eingewickelt mindestens 30 Minuten kühl rasten lassen.

Unsere Tips:

Backpulver ist nur in sehr kleinen Mengen (1 Msp. auf 250 - 300 g Mehl) notwendig. Der Zucker sollte stets sehr feinkörnig sein. Die Zuckermenge beträgt in der Regel 1/4 der Mehlmenge.

Mürbteig mit mehr Zuckeranteil bräunt besser. Eidotter (Eigelb) macht den Teig mürber, Eiklar (Eiweiß) knuspriger. Vanillezucker, abgeriebene Zitronenschale sowie eine Prise Salz gehören zur Abrundung des Geschmacks in jeden süßen Mürbteig. Damit der Teig beim Backen keine „Blasen" bildet, wird der Teigboden mehrfach mit einer Gabel eingestochen. Bei Gebäcken mit hohen Rändern ist ein „Blindbacken" empfehlenswert. Die Form wird dabei mit Teig ausgekleidet und zusätzlich auf dem Teig mit Papier belegt. Bis zum Teigrand füllt man nun beliebige Hülsenfrüchte (Bohnen, Erbsen etc.) in die Form. Diese werden nach dem Blindbacken (= Vorbacken) herausgeschüttet.

Nach dem Backen sollten Mürbteiggebäcke noch heiß aus der Form gelöst werden, denn erkaltetes Fett kann wie eine Klebeschicht wirken. Mürbteiggebäcke immer auf einem Kuchengitter gut auskühlen lassen. Kleingebäck legen Sie am besten auf ein mit Backpapier ausgelegtes Backblech.

Vanillesterne Alt-Salzburger Art

150 g Butter, 150 g Zucker	1 Prise Salz
2 Eidotter (Eigelb)	250 g Mehl
1/2 Pa Vanillezucker	1 Eidotter (Eigelb) zum Bestreichen
2 TL Rum oder Arrak	Hagelzucker z. Bestreuen

● Die angegebenen Zutaten zu einem feinen Mürbteig verkneten. Etwa 15 Minuten kühl rasten lassen.

● Anschließend gut messerrückendick auswellen und Sterne in verschiedenen Größen ausstechen. Nochmals kalt stellen, dann mit zerklopftem Eidotter bestreichen und mit Hagelzucker bestreuen. Auf ein gefettetes oder mit Backpapier ausgelegtes Backblech geben.

● Bei 180 - 200°C in vorgeheiztem Backrohr in 10 - 12 Minuten goldgelb backen.

Menge: ca. 80 Stück

Ischler Gebäck (Oberösterreich)

280 g Mehl, 140 g Zucker	rote Marmelade z. Füllen
140 g gemahlene Mandeln	Schokoladenglasur zum Bestreichen
1 Prise Salz, 1 Prise zimt	Pistazien, Mandeln oder Staubzucker z. Bestreuen
1 EL Rum, 280 g Butter	

● Das Mehl in eine Rührschüssel sieben, in die Mitte eine Vertiefung eindrücken und Zucker, Mandeln, Gewürze und Rum dazugeben. Die in Stückchen geschnittene Butter darüber verteilen. Von der Mitte her alles zu einem geschmeidigen Teig verkneten.
● Ca. 3 mm dick ausrollen, Kreise ausstechen und auf ein gefettetes oder mit Backpapier ausgelegtes Backblech geben. Bei 160 -170°C im vorgeheizten Backrohr in 10 - 15 Minuten backen.
● Nach dem Erkalten je zwei Kekse, mit Konfitüre bestrichen, zusammensetzen und mit geschmolzener Schokolade überziehen. Nach Belieben garnieren.

Menge: ca. 45 Stück

Wiener Vanillekipferl

300 g Mehl, 125 g Zucker	125 g gem. Mandeln
1 Pa Vanillezucker	250 g Butter
etwas Vanillemark	2 Pa Vanillezucker zum Wenden
3 Eidotter (Eigelb)	

● Alle Zutaten rasch zu einem glatten Mürbteig verkneten und ca. 1 Stunde kühl rasten lassen.
● Den Teig zu einer dünnen Rolle formen, davon kleine, gleichgroße Stücke abschneiden, diese zu „Kipferln" formen und auf ein gut gefettetes oder mit Backpapier ausgelegtes Backblech setzen.
● Bei 170 - 190°C im vorgeheizten Backrohr in 12 - 14 Minuten goldgelb backen. Noch heiß in Vanillezucker wenden.
Menge: ca. 60 Stück

Linzer Torte
(Oberösterreich)

150 g Mehl	4 Eidotter, 150 g Butter
150 g gem. Mandeln	200 g Johannisbeer-
150 g Zucker	marmelade
1 Pa Vanillezucker	50 g gehobelte Mandeln
1 Prise Salz, 1 TL gem. Zimt	Butter und Semmelbrösel
1 Msp. Gewürznelkenpulver	für die Form
abgeriebene Schale einer unbehandelten Zitrone	etwas Staubzucker (Puderzucker)

● Das gesiebte Mehl in eine Rührschüssel geben. Mandeln, Zucker, Vanillezucker, Salz, Zimt, Gewürznelkenpulver und die abgeriebene Zitronenschale gut untermischen. 3 der Eidotter und die kalte, in Flöckchen geschnittene Butter dazugeben. Mit Hilfe der Küchenmaschine oder des Elektroquirls zu einem geschmeidigen Mürbteig verarbeiten. Zugedeckt ca. 30 Minuten im Kühlschrank ruhen lassen.

● Den Backofen auf ca. 170 - 190°C vorheizen. Eine dunkle Springform - Größe 26 cm - mit Butter einfetten und nach Belieben mit Semmelbrösel ausstreuen. 2/3 der Teigmenge einfüllen, gleichmäßig in der Form verteilen. Mit der Johannisbeer-marmelade bestreichen, dabei einen ca. 1 cm breiten Rand freilassen. Die Hälfte des Teigrestes zu dünnen Streifen ausrollen. Diese als breites Gitter über die Marmelade legen. Mit dem restlichen Teig den Rand rundum einfassen. Die Torte mit dem übrigen Eidotter bestreichen und am Rand mit den Mandeln bestreuen. In 35 - 45 Minuten goldbraun backen, gut auskühlen lassen und mit reichlich Staubzucker bestreut servieren.

Unser Tip:

Die Linzer Torte können Sie problemlos auch auf Vorrat backen. In Folie verpackt schmeckt sie auch noch nach einigen Tagen wie frisch zubereitet.

Fürstenfelder Apfeltorte

(Steiermark)

Teig:	3 Eiklar (Eiweiß)
250 g Mehl, 125 g Butter	1 TL Zitronensaft
60 g Zucker, 1 Ei	200 g gem. Mandeln
Belag:	30 g Mehl
3 Eidotter (Eigelb)	1 Msp. Backpulver
150 g Zucker	6 kleinere Äpfel (ca. 600 g)
1 Pa Vanillezucker	40 g flüssige Butter und 2-3 EL „Hiefen" (Hagebutten)-Marmelade zum Bestreichen
1 Prise Salz	
1 EL Zitronensaft	Staubzucker (Puderzucker) zum Bestreuen
1 EL Rum, 1 Apfel	

● Mehl, Butter, Zucker und Ei zu einem geschmeidigen Mürbteig verarbeiten. Etwa 30 Minuten lang im Kühlschrank rasten lassen.

● Das Backrohr auf 170 - 190°C vorheizen.

● 2/3 der Teigmenge auf dem Boden einer Springform (Durchmesser 26 cm) ausrollen. Den Rest zu einer Rolle formen, an den Rand legen und mit den Händen am Formenrand 2 - 3 cm hochdrücken. Den Teigboden mehrfach mit einer Gabel einstechen.

● Im heißen Backrohr etwa 15 Minuten vorbacken.

● Inzwischen Eidotter mit Zucker, Vanillezucker und Salz sehr schaumig schlagen. Hierzu am besten den Elektroquirl einsetzen. Zitronensaft sowie Rum hinzufügen und unterrühren. Den einzelnen Apfel schälen und in die Eimasse fein hineinraspeln. Eiklar mit Zitronensaft steif schlagen, daraufgeben und unterheben. Gemahlene Mandeln, mit Backpulver gemischtes, gesiebtes Mehl darüber verteilen und gleichmäßig untermischen. Diese Masse auf den vorgebackenen Boden streichen.

● Die Äpfel schälen, halbieren, vom Kerngehäuse befreien und auf der abgerundeten Seite mehrfach einschneiden. Mit der Run-

dung nach oben in die
Mandelmasse setzen.
● Die Torte in 50 - 60 Minuten backen. Nach etwa
der Hälfte der Zeit mit flüssiger Butter bestreichen.

Herausnehmen, aus der
Form lösen, und sogleich
mit Hiefenmarmelade
überziehen. Ausgekühlt
mit Staubzucker bestreuen.

Mehlspeisen aus Biskuit- und Eiklarmasse

Grundzubereitung

Variatione I (getrennte Eier):

Eiklar (Eiweiß) - mit oder ohne Zugabe von kaltem Wasser - und Vanillezucker steif schlagen, Zucker löffelweise einrieseln lassen und fest aufschlagen. Verquirlte Eidotter (Eigelb) sowie weitere Geschmackszutaten untermischen. Gesiebtes Mehl, eventuell mit Backpulver, Stärkemehl oder Kakao gemischt, auf die Masse sieben und kurz unterheben.

Variation II (ganze Eier):

Ganze Eier - mit oder ohne warmem Wasser - in eine Schüssel geben und sehr schaumig rühren. Hierzu am besten den Elektroquirl oder die Küchenmaschine einsetzen. Bei höchster Einstellung Zucker und weitere Geschmackszutaten langsam einrieseln lassen. So lange rühren, bis die Masse cremig und glänzend ist. Mehl, evtl. mit Backpulver, Stärkemehl oder Kakao gemischt, auf die Masse sieben und kurz unterheben.

Unsere Tips:

Nur besonders frische Eier können beim Schlagen der Schaummasse genügend „Luft" aufnehmen, wodurch der Teig entsprechend gelockert wird. Der Zucker sollte feinkörnig sein, damit er sich schnell löst. Das Mehl kann für Torten zu 1/3 durch Stärkemehl ersetzt werden. Zum Backen ist es am einfachsten, den Boden der Form oder das Backblech mit Backpapier auszulegen. Bei Formen den Rand keinesfalls fetten, da die beim Backen schmelzende Butter den Teig wieder herunter ziehen kann. Angerührte Biskuitmassen immer sofort abbacken, da sonst zu viel von der untergerührten Luft entweicht.

Verwendung von Eiklar (Eiweiß)

In der Mehlspeisenküche kann es hin und wieder vorkommen, daß Eiklar übrig bleibt, weil Dotter (Eigelb) häufiger verwendet werden. In einem dicht verschlossenen Glas bleibt Eiklar auch mehrere Tage lang im Kühlschrank noch wie frisch und läßt sich auch dann noch gut verschlagen.

Es gibt eine Reihe von Mehlspeisen, bei denen nur das Eiklar, bzw. der Eischnee, anstelle ganzer Eier verwendet wird.

Hierzu gehören beispielsweise:

– alle Sorten von „Busserln" (Makronen)
– Meringen (Eclairs)
– Salzburger Nockerln
– Schneenockerln und Eiweißglasuren

Verschiedene Füllcremes und Glasuren

Buttercreme

250 g weiche Butter
250 g Staubzucker
1 Prise Salz
2 Eidotter (Eigelb)
Geschmackszutat

Weiche Butter sahnig rühren, nach und nach Staubzucker und zuletzt Salz, Eidotter sowie eine Geschmackszutat unterrühren, hierzu eignen sich:

● **Vanille** (ausgeschabtes Mark) oder 1 Pa Vanillezucker
● 1 TL abgeriebene Schale einer unbehandelten **Zitrone** und 2 - 3 EL Zitronensaft
● 1 TL abgeriebene Schale einer unbehandelten **Orange** und 3 - 4 EL Orangensaft
● 2 - 3 EL **Mokka** und 1 EL Weinbrand
● 1 - 2 EL **Kakao** und/oder 1 - 2 EL **Schokoladenraspeln**
● 2 - 3 EL **Rum**
● 100 g gemahlene **Hasel- oder Walnüsse** und 1 - 11/2 EL Rum

Unser Tip:

Buttercreme erhält Festigkeit, wenn etwa 20 g weiches, gehärtetes Pflanzenfett (Kokosfett) untergerührt wird.

Kokosbusserl (Niederösterreich)

4 Eiklar	1-2 TL Zitronensaft
250 g Zucker	250-300 g Kokosraspeln
1 Pa Vanillezucker	kleine, runde Backoblaten
1 Prise Salz	50 g Kuvertüre

● Die Eiklar zu sehr steifem Schnee schlagen. Zucker und Vanillezucker nach und nach löffelweise einrieseln lassen. Unter Zugabe von Salz und Zitronensaft zu einer schnittfesten, glänzenden Masse verrühren. Die Kokosflocken locker unterheben.

● Das Backrohr auf 130 - 140°C vorheizen. Mit zwei Teelöffeln Teighäufchen auf die Oblaten setzen und im Abstand von ca. 2 cm auf dem Backblech verteilen.

● 35 - 40 Minuten backen. Die Busserl sollen dann außen fast weiß und innen noch weich sein. Die Kuvertüre schmelzen, etwas abkühlen lassen, in eine Papier- oder Plastiktüte füllen, eine Spitze abschneiden und die Busserl hübsch verzieren. Nach dem Abkühlen überstehende Oblaten abbrechen.

Menge: ca. 35 - 40 Stück

Muskazonerl aus Tirol

140 g Zucker, 2 Eidotter	2 EL Semmelbrösel
1 TL Zitronensaft	1-2 EL Rum
140 g gem. Mandeln	20-25 Backoblaten

● Zucker und Eidotter in eine hohe Rührschüssel geben und am besten mit dem Elektroquirl sehr schaumig rühren. Zitronensaft, gemahlene Mandeln sowie mit Rum befeuchtete Brösel dazugeben und unterrühren.

● Das Backrohr auf 140 - 160°C vorheizen. Das Backblech mit Backpapier auslegen, die Oblaten darauf verteilen, und auf jede ca. 2 TL der Teigmenge geben. In 15 - 20 Minuten backen.

Menge: ca. 20 - 25 Stück

Anislaibl (Tirol)

4 Eier	1 TL gem. Anis
250 g Staubzucker (Puderzucker)	280 - 300 g Mehl
	Butter für das Blech

● Das Backblech mit Butter bestreichen und mit Mehl bestäuben. Überflüssiges Mehl abklopfen.

●Das Backrohr auf 140 - 150 °C vorheizen.

● Eier und Staubzucker in eine hohe Rührschüssel geben und sehr schaumig schlagen, Anis zugeben. Das gesiebte Mehl nach und nach untermischen und zwar so viel, daß der Teig nicht zu fest wird und dennoch glatt bleibt.

●Mit zwei Teelöffeln im Abstand von 3 cm kleine Teighäufchen auf das Backblech setzen.

● Die Laibchen in ca. 15 Minuten goldgelb backen

Menge: ca. 40 Stück

Oberösterreichische Nußtorte

Nußteig:	1/2 Pa Backpulver
7 Eier	4 EL Zitronensaft, mit 4 cl Rum vermischt
5 EL warmes Wasser	Füllung:
300 g Zucker, 2 EL Rum	Buttercreme (siehe S. 75)
250 g gemahlene Haselnüsse	Außerdem:
	50 g gem. Haselnüsse
150 g Mehl	16 ganze Nüsse

● Das Backrohr auf 160 - 180°C vorheizen. Eine Springform (ø 28 cm) mit Backpapier auslegen.

● Aus den angegebenen Zutaten, wie in der Grundzubereitung auf Seite 74 beschrieben, eine Biskuitmasse zubereiten und in die Form füllen.

● Etwa 50 - 60 Minuten backen, aus der Form nehmen, auf ein Gitter stürzen und auskühlen lassen.

Fortsetzung nächste Seite

● Die Torte zweimal durchschneiden und mit dem Zitronensaft-Rumgemisch tränken.

● Mit der Buttercreme bestreichen und zusammensetzen. Oberfläche und Rand ebenfalls bestreichen. Den Rand mit gemahlenen Nüssen garnieren. Auf der Oberseite 16 Buttercremetupfer aufsetzen. Die ganzen Nüsse eindrücken.

● Die Torte gut durchkühlen lassen.

Salzburger Mozarttorte

Teig:	Füllung: 125 g Butter
4 Eidotter, 175 g Zucker	150 g Staubzucker (Puderzucker)
4 EL warmes Wasser	
1 Pa Vanillezucker	100 g Kakao, 2 EL Wasser
4 Eiklar, 100 g Mehl	1 Ei, etwas Rum-Aroma
100 g Stärkemehl	1 Pa Vanillezucker
30 g Kakao	200 g Marzipan
3 gestr. TL Backpulver	1 Glas Marillen-Marmelade
	Garnitur: Konfekt

● Das Backrohr auf 170 - 190°C vorheizen.

● Eidotter mit Wasser verschlagen, Zucker mit Vanillezucker nach und nach einrieseln lassen, bis eine cremige Masse entsteht. Eiklar steif schlagen und auf die Creme geben. Mehl mit Stärkemehl, Kakao und Backpulver mischen, darübersieben und unter die Eicreme ziehen. Eine Tortenform, Durchmesser 28 cm, am Boden fetten, mit Pergament- oder Backpapier auslegen und den Teig sofort einfüllen.

● Den Kuchen in 20 - 30 Minuten backen, in der Form abdampfen lassen, auf ein Gitter stürzen, das Papier anfeuchten und vorsichtig abziehen.

● Für die Füllung die Butter weich rühren, Staubzucker mit Kakao mischen und nach und nach dazugeben. Ei, Rum, Wasser und Vanillezucker hinzufügen und weiterrühren, bis die Masse cremig ist.

● Den ausgekühlten Tortenboden zweimal durchschneiden. Die Marzipanrohmasse zerteilen, etwas durchkneten und in Bodengröße ausrollen. Jeden Tortenboden mit etwas Schokoladencreme bestreichen, darauf die Marzipanplatte auflegen.

Diese mit Marillenmarmelade überziehen und die Böden dann aufeinander setzen. Leicht andrücken und mit der restlichen Schokoladencreme oben und am Rand überziehen. Mit Konfekt dekorieren, dann mindestens 2 Stunden im Kühlschrank durchziehen lassen.

Mehlspeisen aus Rührteig
(Backpulverteig)

Grundzubereitung

● Mehl und/oder Stärkemehl sowie Backpulver oder Kakao mischen und in eine hohe Rührschüssel sieben.

● Zucker, Vanillezucker, Salz, weiches Fett (Butter oder Margarine), evtl. abgeriebene Zitronenschale, Eier, Milch und ggf. Rum daraufgeben.

● Damit das Mehl nicht staubt, den Elektroquirl auf die niedrigste Stufe einstellen, dann auf der höchsten Stufe alles gut verrühren.

● Zuletzt - je nach Rezept - weitere Zutaten wie Weinbeeren, gemahlene Nüsse oder Mandeln, Zitronat, Aranzini (Orangeat), geraspelte Schokolade oder gut abgetropfte Früchte untermischen. Rührdauer: ca. 2 - 3 Minuten.

Unsere Tips:

Gebacken wird der Rührteig immer in einer gefetteten, mit Semmelbrösel ausgestreuten Backform. Die Form kann auch mit Backpapier ausgekleidet werden. Dunkle Formen eignen sich besser als hel-

le, da sie die Wärme besser an den Kuchen weiterleiten. Die Form sollte stets ausreichend groß sein und darf nur zu 2/3 gefüllt werden, damit der Teig nicht über den Rand steigt. Nach dem Backen den Kuchen noch einige Minuten in der Form ausdampfen lassen, dann erst auf ein Kuchengitter stürzen.

Kärntner Weinbeerl-Guglhupf

250 g weiche Butter	80 g Weinbeerl (Rosinen)
200 g Zucker	50 g gem. Mandeln
1 Pa Vanillezucker	abgeriebene Schale 1 unbehandelten Zitrone
1 Prise Salz, 4 Eier	etwas Zimt
300 g Mehl	Butter und Semmelbrösel für die Form
100 g Stärkemehl	
1 Pa Backpulver	Staubzucker (Puderzucker) zum Bestreuen
4 EL Rum	
etwa 1/8 l Milch	

● Nacheinander weiche Butter, Zucker, Vanillezucker, Salz und Eier sehr schaumig rühren. Hierzu am besten den Elektroquirl einsetzen. Mehl und Stärkemehl sowie Backpulver mischen, darübersieben und gleichmäßig unterrühren. Zuletzt Rum, Milch, gewaschene und gut abgetropfte Weinbeeren, Mandeln, Zitronenschale und Zimt unter den Teig mischen.

● Eine Guglhupfform einfetten und mit Semmelbröseln ausstreuen.

● Das Backrohr auf 170 - 190°C vorheizen.

● Den Teig in die vorbereitete Form füllen, etwas glattstreichen und dann in 60 - 70 Minuten abbacken.

● In der Form kurz abdämpfen lassen, den Guglhupf am Rand von der Form lösen, auf ein Kuchengitter stürzen und erkalten lassen. Mit reichlich Staubzucker bestreut servieren.

Wiener Walnuß-Apfeltorte

Teig:

100 g weiche Butter

100 g Zucker

1 Pa Vanillezucker

2 Eier, 150 g Mehl

1 TL Zimt, 2-3 EL Rum

400 g Äpfel

Eimasse:

4 Eiklar, 1 Prise Salz

1 TL Zitronensaft

200 g Staubzucker
(Puderzucker)

200 g gem. Walnüsse

2 TL Zimt

2 EL Amaretto (Mandellikör)

Garnitur:

3 Blatt weiße Gelatine

400 ml süßer Rahm (Sahne)

Zimtpulver, Zuckerperlen

Semmelbrösel, Butter für
die Form

1 Stück Alufolie zum
Abdecken

● Den Rührteig, wie im Grundrezept auf Seite 80 beschrieben, zubereiten.

● Den Teig in eine gefettete und mit Semmelbröseln ausgestreute Springform füllen (ø 24 cm)

● Die Äpfel schälen, vierteln, entkernen, in Spalten schneiden und auf den Teig legen.

● Für die Eimasse die Eiklar mit Salz und Zitronensaft sehr steif schlagen. Den Staubzucker unter weiterem Schlagen einrieseln lassen, bis die Masse glänzend und fest ist. Gemahlene Walnüsse, Zimt und Likör vorsichtig unterheben.

● Die Masse auf die Äpfel in die Form geben und mit einem Stück Alufolie abdecken. Bei 170 -190°C ca. 35 - 40 Minuten bakken, dann die Folie entfernen und den Kuchen weitere 15 - 20 Minuten im Backrohr belassen, bis die Oberseite knusprig und hellbraun ist.

● Den Kuchen aus der Form nehmen und abkühlen lassen. Zum Verzieren die Gelatine ca. 10 Minuten in kaltem Wasser einweichen und auflösen. Den Rahm steif schlagen. Die abgekühlte, flüssige Gelatine unter ständigem Rühren dazugießen, kurz durchkühlen lassen.

● Die Torte mit der Sahne bestreichen, obenauf etwas mehr auftragen und wellenfömig verzieren. Nun die Torte durchkühlen lassen. Vor dem Servieren mit Zimt bestäuben und mit den Perlen festlich verzieren.
Menge: 16 Stück

Innsbrucker Früchtekuchen (Tirol)

60 g Sultaninen	abgeriebene Schale 1/2 unbehandelten Zitrone
1 EL Rum, 60 g Zitronat	1/2 Pa Backpulver
60 g Aranzini (Orangeat)	300 g Mehl, 1 Prise Salz
200 g Butter, 200 g Zucker	Butter und Semmelbrösel für die Form
6 Eier. 1 Pa Vanillezucker	
3 EL Rum	

Fortsetzung nächste Seite

● Die Sultaninen heiß waschen, abtropfen, gut trockentupfen und mit etwas Rum beträufelt ca. 1 Stunde durchziehen lassen.

● Zitronat und Aranzini kleinschneiden.

● Die Butter mit dem Zucker sehr schaumig rühren, die Eier nach und nach hinzufügen und beständig weiterrühren. Vanillezucker, abgeriebene Zitronenschale und tropfenweise den Rum dazugeben. Mit Backpulver gesiebtes Mehl, Salz, die Sultaninen, Zitronat und Aranzini hinzufügen und alles zu einem geschmeidigen Teig verarbeiten.

● Eine große Kastenform (Länge 28 cm) einfetten und mit Semmelbröseln ausstreuen. Den Teig einfüllen und im, auf 170 - 190°C vorgeheizten Backrohr, in 50 - 60 Minuten abbacken.

Unser Tip:

Gut ausgekühlt, in Alufolie fest verpackt, schmeckt der Innsbrucker Kuchen auch nach Tagen noch wie frisch gebacken.

Feiner Mandelguglhupf (Salzburg)

250 g weiche Butter	etwa 1/8 l Milch
200 g Zucker	100 g gehackte Mandeln
1 Pa Vanillezucker	3-4 Tropfen Bittermandel-aroma
4 Eier, 300 g Mehl	Puderzucker z. Bestreuen
100 g Stärkemehl	
1 Pa Backpulver	Butter und Semmelbrösel
4 EL Rum	für die Form

● Nacheinander weiche Butter mit Zucker, Vanillezucker und Eiern sehr schaumig rühren. Hierzu am besten den Elektroquirl einsetzen. Mehl, mit Stärkemehl und Backpulver vermischt, darübersieben und gleichmäßig unterrühren.

● Zuletzt Rum, Milch und Mandeln unter den Teig mischen.

● Eine Guglhupfform einfetten und mit Semmelbröseln ausstreuen. Den Teig einfüllen und im vorgeheizten Backrohr bei 170 - 190 °C in 60 - 75 Minuten backen.

● In der Form kurz abdämpfen lassen, den Guglhupf am Rand von der Form lösen, auf ein Gitter stürzen und erkalten lassen. Mit reichlich Staubzucker bestreut servieren.

Tiroler Mohnguglhupf

250 g weiche Butter	ca. 1/8 l Milch
200 g Zucker, 1 Prise Salz	50 g gemahlene Mandeln
1 Pa Vanillezucker	120-150 g gemahlener Mohn
4 Eier	
300 g Mehl	Staubzucker (Puderzucker) zum Bestreuen
100 g Stärkemehl	
1 Pa Backpulver	Butter und Semmelbrösel für die Form
3 EL Rum	

● Die Guglhupfform einfetten und mit Semmelbröseln ausstreuen. Das Backrohr auf 170 - 190°C vorheizen.

● Nacheinander Butter mit Zucker, Salz, Vanillezucker und Eiern sehr schaumig rühren. Mehl, mit Stärkemehl und Backpulver vermischt, darübersieben und gleichmäßig unterrühren. Zuletzt Rum, Milch, gemahlene Mandeln und Mohn unter den Teig mischen. Diesen in die vorbereitete Form füllen und in 60 - 70 Minuten backen.

● In der Form kurz abdampfen lassen, dann stürzen und abgekühlt mit Staubzucker bestreuen.

Wiener Sachertorte

Teig:

150 g Butter

100 g feinster Staub-
zucker (Puderzucker)

8 Eidotter (Eigelb)

150 g Kuvertüren-
schokolade, zartbitter

150 g Mehl, 8 Eiklar

50 g feinster Zucker

Garnitur:

2 EL Marillen (Aprikosen)-
Marmelade

150 g Kuvertüren-
schokolade, zartbitter

1/4 l geschlagener, süßer
Rahm (Sahne)

diverse Tortengarnitur

● Weiche Butter mit Staubzucker glattrühren. Nach-
einander die Eidotter dazugeben und die Mischung
mit Hilfe des Elektroquirls
oder der Küchenmaschine
zu einer dicklichen Creme
schlagen. Die zerkleinerte
Schokolade im Wasserbad
oder im Mikrowellengerät
schmelzen. Unter Rühren
abkühlen lassen und lau-
warm, teelöffelweise, in die
Creme einrühren. Gesieb-
tes Mehl hinzufügen. Eiklar
mit Zucker steif schlagen
und mit Hilfe eines
Schneebesens locker
unterheben.

● Eine Springform -
Durchmesser ca. 24 cm -
am Boden mit Backpapier
auslegen. Den Teig einfüllen. Bei 170 - 190°C ca. 50
- 60 Minuten backen.
Nach dem Backen einige
Minuten stehen lassen,
dann die Torte aus der
Form nehmen und auf
einem Kuchengitter völlig
auskühlen lassen. Das

Backpapier abziehen und evtl. den Boden etwas glattschneiden.

● Die Marillen- (Aprikosen)-Marmelade glattrühren, leicht erwärmen und die Torte damit, auch an den Rändern, dünn bestreichen.

● Die Schokoladenglasur schmelzen und die Torte damit gleichmäßig überziehen. Eventuell dekorieren und mit Schlagobers servieren.

Interessant für Sie:

Das vorgenannte Rezept einer typischen Sachertorte ist leider nicht das „Original-Sacher-Rezept". Das nämlich ist ein sehr streng gehütetes Geheimnis der Fa. Sacher in Wien. Sie produziert übrigens in Spitzenzeiten bis zu 2000 Exemplare der berühmten Torten täglich, um sie in die ganze Welt zu verschicken.

Topfenstollen (Oberösterreich)

Teig:
250 g Topfen (Quark)

150 g weiche Butter, 150 g Zucker, 1 Pa Vanillezucker

1/2 gestr. TL Salz

abgeriebene Schale einer ungespritzten Zitrone

1/2 gestr. TL Zimt

1 Ei

350 g Mehl

100 g Stärkemehl

4 gestr. TL Backpulver

100 g Mandelsplitter

200 g Trockenfrüchte

2 EL Rum

flüssige Butter zum Bestreichen

Staubzucker (Puderzucker) zum Bestreuen

Topfen, weiche Butter, Zucker, Vanillezucker, Salz, Zitronenschale, Zimt, Ei, Mehl, Speisestärke und Backpulver in eine Rührschüssel geben. Mit dem elektrischen Handrührgerät zu einem geschmeidigen Teig verkneten. Zuletzt Mandelsplitter und mit Rum vermischtes, kleingeschnittenes Trockenobst dazugeben. Nochmals gut durchkneten.

Auf bemehlter Arbeitsfläche ausrollen und umschlagen, wodurch die typische Stollenform erreicht wird. Auf ein gut gefettetes und bemehltes oder mit Backpapier ausgelegtes Backblech geben und im vorgeheizten Backrohr bei 175 - 200°C in 50 - 60 Minuten ausbacken.

Noch heiß mit flüssiger Butter bestreichen und mit Staubzucker reichlich bestäuben.

Cremespeisen und süße Soßen

Grundregeln für die Zubereitung:

Cremespeisen:

Diese feinen Nachspeisen bestehen aus einer Grundflüssigkeit - Milch, Fruchtsaft oder Wein - und einer Schaummasse aus Eiern sowie Zucker. Gerührte Cremes werden mit Gelatine gebunden, abgeschlagenen Cremespeisen gibt man sie eingeweicht und ausgedrückt hinzu, so daß sie sich in der heißen Flüssigkeit auflösen können.

Süße Soßen:

Cremesoßen werden aus Milch oder Wein mit Zucker und Eiern gekocht und ggf. mit Stärkemehl gebunden. Durch Zugabe diverser Geschmacksbeigaben wird dann aus der Grundmasse eine Vanille-, Schokoladen- oder Karamelcremesoße.

Fruchtsoßen:

Sie werden - je nach Saison - aus frischen, durchpassierten bzw. pürierten Früchten oder Kompottobst zubereitet. Zum Verdünnen eignen sich Fruchtsäfte oder Wein. Beide passen zu kalten oder warmen Mehlspeisen.

Himbeercreme (Oberösterreich)

750 g Himbeeren	2 Blatt weiße Gelatine
2 Pa Vanillezucker	2 Blatt rote Gelatine
Zucker nach Bedarf	1/2 l Schlagrahm (Sahne)

● Die Beeren waschen, putzen und einige zur Garnitur zurück behalten, den Rest pürieren. Die Fruchtmasse mit Vanillezucker und Zucker abschmecken.

● Die Gelatine auflösen, unter schnellem Rühren zugeben, kalt stellen.

● Wird die Masse dicklich, den Schlagrahm steif schlagen und die Hälfte davon locker unterheben.

● In eine kalt ausgespülte Form füllen und erkalten lassen.

● Zum Servieren aus der Form stürzen und mit Schlagrahm sowie den Früchten garnieren.

Rum-Schokoladencreme

150 g Schokolade	1 Prise Salz
150 g weiche Butter	4 Eidotter (Eigelb)
2 EL Vanillezucker	4 EL Rum

Schokolade im Wasserbad schmelzen und wieder abkühlen lassen. Butter mit Vanillezucker und Salz sehr schaumig rühren.

Nach und nach die Eigelbe und die Schokolade dazugeben. Zu einer geschmeidigen Masse verarbeiten. Mit Rum abschmecken.

Weinschaudeau
(Weinschaumsoße - Wien)

3 Eidotter (Eigelb)	1/2 l trockener Weißwein
125 g Zucker	Saft und Schale 1/2 abgeriebenen unbehandelten Zitrone
20 g Stärkemehl	

● Eidotter mit Zucker schaumig rühren, Stärkemehl dazugeben, Wein sowie Zitronensaft und -schale hinzufügen.

● Im Wasserbad oder bei milder Hitze unter beständigem Rühren mit dem Schneebesen abschlagen, bis die Masse dickschaumig ist (nicht kochen lassen). Warm oder kalt servieren.

Wiener Mokkacreme

2 Eidotter	1 weißes Gelatinepulver
4-5 gestr. TL Pulverkaffee	2 Eiklar (Eiweiß)
1/2 l Milch	1/8 l Schlagobers (süße Sahne)
50-75 g Zucker	
1 Pa Vanillezucker	Mokkabohnen als Garnitur

● Eidotter und Pulverkaffee mit etwas Milch verrühren. Die restliche Milch mit Zucker, Salz und Vanille langsam ankochen, dann von der Kochstelle nehmen und sogleich die Eidotter-Kaffeemischung sowie die nach Herstellerangabe aufgelöste Gelatine unterrühren. Kalt stellen.

● Sobald die Masse dicklich wird, steif geschlagenen Eischnee und Schlagobers unterziehen.

● In eine Servierschüssel füllen und nach dem Festwerden mit Mokkabohnen garnieren.

Marillensoße (Burgenland)

500 g weiche Marillen (Aprikosen)	Saft 1 Zitrone
1/4 l Wasser o. Weißwein	1 Msp. Ingwer
125 g Zucker	1 cl Rum oder Marillenlikör

● Die Marillen entkernen, in Wasser oder Wein weichkochen und durchpassieren.

● Das Marillenmark mit Zucker und Zitronensaft verrühren ggf. mit dem Kochsud verdünnen. Mit Ingwer und Rum oder Marillenlikör abschmecken.

Himbeer-Biskuitroulade

(Burgenland)

Teig:	Füllung:
3 Eier	500 ml Schlagrahm (süße Sahne)
4 - 6 EL heißes Wasser	
150 g Zucker	50 g Zucker
1 Pa Vanillezucker	1 Pa Vanillezucker
100 g Mehl	250 g Himbeeren
50 g Stärkemehl	30 g blättrig geschnittene Mandeln
1 gestr. TL Backpulver	

● Das Backrohr auf 200 - 220°C vorheizen.

● Aus den angegebenen Zutaten, wie in der Grundzubereitung auf Seite 74 beschrieben, eine Bikuitmasse zubereiten und auf einem mit Backpapier ausgelegten Backblech mit Hilfe eines Teigschabers sehr gleichmäßig verstreichen. Das Backblech ins heiße Backrohr geben und in ca. 15 - 20 Minuten abbacken.

● Die Biskuitplatte nach dem Backen auf ein mit Zucker bestreutes Küchentuch stürzen, das anhaftende Backpapier sofort mit Wasser bestreichen und vorsichtig abziehen.

Die Biskuitplatte mit dem Küchentuch aufrollen und ausdampfen lassen.

● Für die Füllung den Schlagrahm mit Zucker steif schlagen. Die Himbeeren waschen, etwa 200 g mit einer Gabel zerdrücken und unter den Rahm mischen. Etwa 1 1/2 Tassen davon in einen Spritzbeutel füllen.

● Die ausgekühlte Biskuitroulade mit der Obstsahne bestreichen, aufrollen und auf eine Servierplatte legen.

● Mit Rahmtupfen und den restlichen Früchten garnieren.

Karamelcremesoße (Salzburg)

1 1/2 EL Zucker	1 TL Stärkemehl
4 EL Wasser	1 Eidotter (Eigelb)
knapp 1/4 l Milch	

● Den Zucker hellbraun karamelisieren, mit Wasser ablöschen, dann die Milch bis auf 2 EL dazugeben und erhitzen.

● Das Stärkemehl mit der restlichen Milch und dem Eidotter mischen und unter Rühren in die Karamelmilch geben. Einmal aufkochen lassen.

Vorarlberger „Süeßlaschnitz"
(Apfelsoße)

6-7 reife Kochäpfel	1 Stück Zimt oder 1/2 TL gemahlener Zimt
1/8 l Wasser	50 g Zucker, 40 g Butter
1/8 l trockener Weißwein	Saft 1/2 Zitrone

● Die Äpfel schälen, vierteln, das Kernhaus entfernen und in dünne Scheiben schneiden. Mit Wasser, Wein, Zimt, Zucker und Zitronensaft weichkochen.

● Etwas abkühlen lassen, dann durchpassieren und dabei die Kochflüssigkeit auffangen.

● Unter beständigem Rühren mit Zugabe der Butter und einem Teil der Kochflüssigkeit erhitzen, jedoch nicht kochen.

Sacherguß

225 g Zucker
1/8 l Wasser
150 g bittere Schokolade

Zucker mit Wasser etwa 5 Minuten lang kochen, dann etwas abkühlen lassen. Die Schokolade im Wasserbad schmelzen, dann abkühlen und nach und nach in die Zuckerlösung rühren, bis die Masse cremig ist.

Vorarlberger „Birestock"
(Birnenkompott)

750 g reife Birnen	50 g Zucker
1/4 l Wasser	40-50 g Butter
1/8 l trockener Weißwein	1-2 EL Zucker
Saft einer Zitrone, etwas Zimt	20-25 g Semmelbrösel

● Die Birnen schälen, halbieren und das Kerngehäuse herausschneiden.

● Wasser, Wein und Zucker aufkochen. Zitronensaft, Zimt und die Birnen dazugeben. Nicht ganz weich dünsten.

● Butter und Zucker bräunen, die Semmelbrösel dazugeben und alles zusammen gut durchrösten.

● Die Birnen samt Saft dazugeben und unter beständigem Rühren dick einkochen lassen.

Powidl
(Zwetschkenmus) aus Niederösterreich

● Etwa 3 kg vollreife Zwetschken waschen, halbieren, entsteinen und ohne Zuckerzugabe in einen großen, mit kaltem Wasser ausgespülten Topf geben.

● Ankochen, dabei kräftig umrühren, dann die Kochplatte herunterschalten und etwa 4 - 6 Stunden auf niedriger Stufe unter gelegentlichem Umrühren dick und dunkelfarbig einkochen.

● Noch heiß in Gläser füllen, etwas abdampfen lassen, dann verschließen.

Unser Tip:

Möchten Sie dem Powidl Zucker beigeben, so rechnet man je Kilo Zwetschken etwa 50 - 75 g.

Zu den Rezepten:

Alle Rezepte sind für vier Personen berechnet, nur die Rezeptmenge einiger Mehlspeisen ist etwas größer gewählt, da diese gerne auch als Hauptgericht serviert werden. Die Angaben für das Backen beziehen sich auf Backöfen mit Ober- und Unterhitze. Möchten Sie die jeweiligen Rezepte mit Heißluft zubereiten, so stellen Sie ca. 20°C niedriger ein. Die Backzeiten bleiben in der Regel gleich.

Zum Gebrauch des Buches:

Es werden mehrfach Abkürzungen benutzt, die nachstehend kurz erklärt werden:

EL	Eßlöffel
TL	Teelöffel
Msp	Messerspitze
g	Gramm
kg	Kilogramm
l	Liter
cl	Zentiliter
ml	Milliliter
geh.	gehäuft
gem.	gemahlen
ger.	gerieben
Pa.	Päckchen

Bildnachweis:

Bildarchiv d. Oberösterr. Kraftwerk AG, Linz: 21, 30
Fotostudio Teubner, Füssen: 5, 15, 19, 22, 24, 35, 59
Fotostudio Sattelberger, Füssen: 25
Gusto, Wien: Titel, 28, 31, 33, Rücktitel
Sigloch Edition, Künzelsau: 39, 41, 44
Komplettbüro, München: 36, 42, 55, 62, 64, 69, 73, 83
Österreich Werbung, Wien: 47
Vitri-Corning GmbH, Mühltal: 51
Dr. Oetker, Bielefeld: 79
Knorr Maizena, Heilbronn: 87, 88
Tübke & Partner, München: 13
Langnese Iglo, Hamburg: 93
Siemens Elektrogeräte GmbH, München: 57
Unilever, Hamburg: 11, 58, 80

Autorin und Verlag danken den oben genannten Unternehmen für die umfangreiche und freundliche Bereitstellung des Bildmaterials.
Lektorat: U. Calis, München
Design & Produktion: Verlagsbüro Fritz Petermüller, Siegsdorf
Satz: Agentur für Satz & Typographie, Grassau
Lithos: ColorLine, Verona
Druck und Buchbindung: New Print, Trento

Verlagsnummer: 1710
ISBN 3-85491-753-8

© **KOMPASS-Karten GmbH**
Rum/Innsbruck
Fax 0043 (0)512/26 55 61-8
e-mail: kompass@kompass.at
http://www.kompass.at

6. Auflage 2002

Spezialitäten!

KOMPASS-Küchenschätze

*) in Vorbereitung

Erhältlich im Buchhandel und am Kiosk!

KOMPASS